整理《せいり》整頓《せいとん》をしない人ほど、うまくいく。

超一流だけが知っている「本質」の思考法

中山マコト

きずな出版

【整理整頓をしない人ほど、うまくいく】
無料プレゼント

2000万以上稼ぐ、
“フリーランス”が絶対にやらない
“21のタブー”も同時プレゼント!

■ムダとか言わない。

■順番を決める。

■お客さんに合わせない。

■積極的に話さない。

■パソコンに頼らない。

■インターネットに頼らない。

■名刺は配らない。

■交流会とか出ない。

■メールは使わない。

他、計21項目。

常識に惑わされずに、
すべて「本質」で考える――。

Prologue——

アイデアは、散らかった部屋で降りてくる

『整理整頓をしない人ほど、うまくいく。』

本書のタイトルを見て「何を言っているんだ？」と思った方もいらっしゃるかもしれません。いきなり答えを言ってしまいますが、これが人生を謳歌《おうか》する秘訣です。

正確には、このような考え方を持つことが、自由な人生を生きるために必要だということです。つまり、本書は整理整頓や片づけの方法を書いたものではなく、よりよい人生を生きるための考え方を説いた本なのです。

さて、あらためまして、こんにちは。中山マコトと申します。

私はフリーランスで広告・販促プランナー・コピーライターとして活動をして16年になりま

す。これまで多くの国内外の有力企業をクライアントとして手がけていますが、そんな中で、「16年間、フリーランスとして活躍し続けている中山さんの、成功の秘訣というか……考え方のコツみたいなものを教えていただけませんか？」

と、編集者に言われたことがきっかけで、前作『9時を過ぎたらタクシーで帰ろう。』（きずな出版）という本が生まれました。

この本はおかげさまで反響を呼び、私もいろいろなところで、

「こんな考え方があったなんて！」

「この本を読んで、人生が自由になった気がする」

と、声をいただきました。

そこで、今回も中山マコトの思考法を、あますところなくご提供させていただくことにしました。それが本書で語る「**超一流だけが知っている『本質』の思考法**」です。

「……わかった、わかった。それで結局、なぜ整理整頓しない人ほどうまくいくの？」

そんな声が聞こえてきたので、そろそろ本題に入ります。

大切なのは「**快適な場に、定型はない**」ということです。

どういうことか、説明しましょう。

ここだけの話、私は秩序恐怖症です。きちんと整理された書類棚や、すっきりと片づいたデスクではまったく落ち着かなくて仕事になりません。むしろ、ぐちゃぐちゃな環境にこそ考える〝ヒント〟があると思っています。一般的には「散らかっている」と言われそうなくらい乱雑な空間が好きですし、そのほうがいい仕事につながります。

いま、この原稿もぐちゃぐちゃ（一般的には……ですよ）な自宅の書斎で書いていますし、正直、足の踏み場もないくらい本が散らばっています。ですが、私にとってはそれこそが〝快適空間〟なのです。

私は街歩きが好きなのですが、その理由もそういう側面があるからかもしれません。街では人々がランダムに動き、速度もリズムもバラバラ、そこには規則的ではないパルスがあって、その刺激が何ともいいのです。

「仕事場には仕事に関係ないものを置くな」という意見があります。

断捨離《だんしゃり》が流行したり、整理整頓・片づけの本がベストセラーになったり、最近はムダの排除をよしとする風潮がありますが、はたしてそれは真実でしょうか？

無味乾燥な空間に身を置いて、斬新なアイデアが生まれるなんてこと、あるでしょうか？

ユニークな発想ができるのでしょうか？

実際に、相対性理論のアルベルト・アインシュタインや、アップル創業者のスティーブ・ジョブズが、あえて散らかった部屋に住んでいたという話は有名です。

ちなみに私の仕事場も、整然の対極にあるような状態です。あちこちにカメラやミニカー、小説、ユニークな文房具など趣味のモノが並んでいますし、壁には水着のアイドルカレンダーが7種類もかかっています。ほかの人から見たらカオスかもしれません。

でも私はこの環境が気に入っていますし、私にとっての生産効率は極めて高い空間だと思っています。実際に、この環境にいることでアイデアが溢れ出てきます。

大好きなものに囲まれているから、眺めているだけで脳がいい意味で活性化します。そこからいい考えが浮かぶのです。

整理整頓ができている、ありきたりの空間からは、ありきたりのアイデアしか出ないと言っても言いすぎではないでしょう。

つまり「**片づいていることがいいことだ**」**という風潮に踊らされることによって、逆にそれが自分の可能性をつぶしてしまっていることもある**ということなのです。

……これが、冒頭の言葉の本質です。

さて、本書にはこのように、一見非常識とも思える「本質の思考法」が、全部で55パターン掲載してあります。少し過激な表現も含まれますが、実践していただければ間違いなく、人生が少しだけいい方向に進んだと感じていただけることでしょう。

それでは、ひとつめの思考法「値切られたときは、値上げをしよう」から、スタートです！

超一流だけが知っている
55の『本質』の思考法

1. 価格で勝負しているうちは、大成しない
2. 言葉の専門家である小説家から学ぼう
3. 本をメンターにしてしまえ!
4. 固定費は極限まで下げる
5. 最良の答えは、現場の人が知っている
6. ターゲットは広げすぎない
7. 満ち足りてしまった瞬間、成長は止まる
8. 他人軸ではなく、自分軸でいこう
9. 上司のためではなく、お客さまのために働く
10. 切り替えとメリハリをつける
11. 「遠ざけの法則」を使う

超一流だけが知っている55の『本質』の思考法

36 見た目ではなく、相手に近づく努力をしよう

37 絞り込み、研ぎ澄ませ！

38 あなたとお客さまは、対等である

39 出会って3回目で、判断しよう

40 履歴書で実力は判断できない

41 自分の中のセンサーを磨く

42 「この言葉で相手がどう思うか？」と考える

43 まずは、だまって行動に移す

44 嫌いと明言することで、本質でつき合える人を探す

45 物事を突き詰めた人が成功する

46 「これを継続することで自分のためになるか」を意識する

超一流だけが知っている55の『本質』の思考法

47 大切なお客さまのために、新規客を断る勇気を持つ

48 短期的ではなく、生涯の購入回数を増やせばいい

49 仲間を勝たせるために、あえて厳しくしよう

50 何を優先させるべきか、立ち止まって考える

51 お客さまに「グッドチョイス」と言おう

52 地味に思える仕事が、すべてを支えている

53 自己管理ができない人は破滅する

54 男女の埋めようのない差は、聞いて解決しよう

55 何のためにビジネスをするのか考える

Chapter 1

うまくいく方法は、常識の外側にある!

Contents

Chapter 2

つまらない現状から、抜け出せ!

Chapter 3

他人が言う「正しさ」に、惑わされるな！

Chapter 4

尖ったスキルで、突破せよ！

Chapter 5

あなたが、唯一無二になれ！

Chapter 6

永遠の成功を、手にせよ！

ブックデザイン　池上幸一
協力　合同会社DreamMaker

整理整頓をしない人ほど、うまくいく。

―超一流だけが知っている「本質」の思考法

Chapter

1

うまくいく方法は、常識の外側にある！

値切られたときは、値上げをしよう

あなたは自分の商品を値切られた経験はあるでしょうか？

値切られたときは、あなたやあなたの商品価値が〝他並み〟だということです。どうせ同じレベルの商品やサービスを買うなら安いほうがいい。だから……値切る。

これが値切りのメカニズムです。

そこで仕方なしと値引きをしてしまったら、あなたに明るい未来はありません。

待っているのはいつも汲々《きゅうきゅう》と利益を捨てるビジネス。それでいいわけがないですよね？

ではどうしたらいいのか？　答えは簡単です。

値上げをするのです。

もちろん、単に値段を上げただけでは「バカか!」と罵倒《ばとう》されるのがオチ。間違いなく売れないでしょう。そんなときはプラスアルファの、しかも**ライバルが真似できない〝付加価値〟をつける**のです。

私にはこんな経験があります。

私がインターネットで販売しているコピーライティングの動画教材を〝ある奴ら〟がそのままパクり、書き起こしの文章教材として私の商品価格2万円の半額、1万円で販売したのです。もちろんその行為自体は犯罪です。偶然にも私の教え子がそれを見つけて通報してくれたのです。しかし私は裁判を起こすことも、相手に抗議することも選びませんでした。

相手が絶対に真似できない「1年間のメールと電話での完全サポート」という付加価値をつけ、価格を3万円に上げました。

答えはすぐに出ました。いままでよりも2倍近く売れたのです。

値段を1万円上げて2倍も売れたのですからビジネスとしては正解です。気がつくと、おかしなことをやった〝奴ら〟の商品はひっそりと姿を消していました。

本質の思考法 1

価格で勝負しているうちは、大成しない

価格だけを見れば模倣品のほうが得です。しかし**教材を買う人たちが求めているのはお得感ではなく、教材を通した学びであり、自分自身の成長と成功です。**

年間サポートは教材を欲する人たちが必要とする価値でしたし、価格が高くなったことで、本気で学ぶ意欲のある方々が買ってくださいました。その経験も踏まえて言います。

競合相手がいるときこそ、値上げです。

ただ価格を上げるのではありません。商品・サービスの内容を見直し、価値を再定義して、それにふさわしい価格をつけましょう。それにより無益な競合による争いを避けられ、あなたに仕事を依頼する必然性が生まれるのです。

ビジネス書は読むな、小説を読もう

ビジネス書は、ビジネスで成功するための方法を書き記したものです。

読み手はその著者の体験談から成功のヒントを得ようと思っているでしょうが、書き手が自分自身の成功要因を正しく把握できているとは限りませんし、本当のことを、つまり胆《きも》になる部分をすべて開示しているのかも怪しいものです。

「必死になって駆け抜けて、気づいたらうまくいっていた」と言うかもしれませんし、それが本音だったりもします。「感謝の気持ちでやり続けたら、神様が評価してくれたんです」などというオカルトまがいの話も出るでしょう。

つまり、**多くは〝あとづけ〟で、根拠不明**なのです。また、本人は「この決断が転機になった」と思っていても、周囲はまったく違う見方をしていることも往々にしてあります。

本当に偶然で〝それ〟が起こったとしても「引き寄せ」などという言葉に置き換えて人に伝えたりしてしまうわけです。

そうなると、的確な要因分析は期待できないし、ましてや再現性があるかと言えば限りなく怪しいものです。結果、読んだ人がそのエピソードを自分ごとに置き換えるなんて、ハッキリ言って無謀だとしか言えません。

人はそれぞれ個体として異なります。誰にでも当てはまるノウハウを記したビジネス書なんてないのです。

それに対して小説は〝言葉の専門家〟である小説家が必死になって、何かを伝えようと書き綴《つづ》ったものです。読んでいるだけで言葉から刺激を受けることが多々あります。

何よりも小説家は〝裏取り〟にこだわります。つまり説得力を増すために徹底して調べるわけです。ですから、そこに登場する事象や事実はかなりの確度で正しい。

だから信じるに足るわけです。

本質の思考法 2

言葉の専門家である小説家から学ぼう

加えて小説家には元会社員や元バンカーなど、リアルなビジネス経験を持つ作家も多く、彼らの作品には業界特有の商慣行などがじつに巧みに書かれていて、いわゆるビジネス書以上に勉強になることもあります。

ある意味、小説のかたちを借りたリアル体験談であり、アイデア集であり、真似のできるプロトタイプです。

誤解のないように言っておきますが、決してビジネス書を否定しているのではありません。ビジネス書は読み物ではなく事例紹介です。情報収集としては役立つでしょうし、そこから何かを得られることもあるかもしれません。そういうスタンスで向き合えばよいのです。

本を読むのであれば、言葉の専門家が書いた小説を読みましょう。

何か仕事に役立つような本を読みたいと思うなら、ビジネス小説を選びましょう。手に取る本であなたの人生は変わるはずです。

速読はするな、深く読め

どんな書籍であっても、著者は一所懸命に書いています。
縁あって購入してくれた以上は読み飛ばすようなことはせず、しっかりと読んでもらいたい
……著者なら誰しもそう思っているはずです。私もそうです。大切なお金を使って購入してく
ださったなら、せめてその投資分は何かしらヒントを得てほしい。
「これを読んで、こう感じてほしい」
「この点を深く考えてほしい」
「この本を読んでよかった、出会えてよかった。人生変わるかも？　と感じてほしい」

こんなふうに思いながら書いていますから、その行間に込めたこだわりのメッセージをぜひ受け取ってほしいのです。さっと読み飛ばすようにページをめくっては見落とすこともあるでしょうから、ぜひとも深く読んでほしい。毎回そう願って書いています。

私自身、読み手としても、そういうスタンスをとっています。

同じ本でも、読み返して初めて気づくことがあるからです。

もちろん最初の数ページで「どうにも合わないな」と感じたら、勇気を持って捨ててしまうのも重要。これは前著『9時を過ぎたらタクシーで帰ろう。』にも書いた通りです。

要は、**何度も読むからわかることもあるし、何かしらの体験や経験があって、時間が経ったからこそ理解できることがあるということなのです。**

「ああ、そういうことか!」と気づいたときの驚きや感動は、本を読む喜びを2倍にも3倍にも膨らませてくれます。

本を読み返すメリットはもうひとつあります。

繰り返し読むことで、作家の思考をトレースできるようになるのです。

ビジネスシーンで困ったときや判断の必要に迫られたとき「あの人ならこう考えるのではな

いか」「あんなことを言いそうだ」といった想像ができるようになるのです。

大好きな著者をこっそりメンターに据《す》えるって、面白いでしょう。

私にはそんな脳内メンターが3人います。

たしかに速読は必要なセンテンスやキーワードを探すとき、いち早く書籍全体に目を通す必要がある場合には大変便利な技術です。

情報収集のテクニックとして活用するのはいいでしょう。ですがそれは単なるリサーチでありスキャンでしかない。そんな方法を「読書」とは呼びません。

「本を読む」のであれば、作家の思考をトレースできるくらい深く読んでください。

お気に入りの著者の思考回路、思考の嗜好《しこう》を乗っ取ってしまうほど深く読むと、メンターなんて不要になるのです。本があなたの師匠になるのですから。

本質の思考法 3
本をメンターにしてしまえ！

オフィスは持つな、身軽でいよう

この本を手にしている方には、中小企業や零細《れいさい》企業の経営者、フリーランスの方も多いのではないかと思います。そんな方々に声を大にしてお伝えしたい。

オフィスは不要です!

私自身、独立して以来オフィスは持っていません。普段の仕事拠点は自宅です。

取引先と打ち合わせをする場合は先方のオフィスを訪問するか、貸会議室を手配するなど、外部ファシリティを活用しています。何の不自由もありません。

仕事をするうえでオフィスが必須だというのは、どうしてもストック場所が必要な一部の業種を除いて、思い込みです。

オフィスは固定費そのものです。月々の家賃、水道光熱費、通信費はもちろんのこと、電話番や留守対応にスタッフを雇用すれば人件費も発生します。

売上の大小に関係なく、これらは毎月支払わなければなりません。

売上・利益は変動費。その中に、大きな固定費が入ってくるのはじつに重荷です。

その重荷に耐えきれず、フリーランスから収入半減のサラリーマンに戻った友人もいるくらいです。彼は胃潰瘍《いかいよう》寸前でした。

小さな会社やフリーランスは収入が安定しないものです。**固定費がかさむほど、心理的なプレッシャーは大きくなります**。計算上、年間の収支はプラスであったとしても、瞬間的にキャッシュフローが悪化すれば借り入れが必要になり、資金を調達すればそこから利息＝利益の目減りが発生します。また、キャッシュフローが厳しい状況が数ヵ月間にもわたれば、常に資金繰りで頭がいっぱいになってしまいます。

そこまでのリスクを考慮したうえで、あらためて訊きましょう。

オフィスは本当に必要ですか？

本質の思考法
4

固定費は極限まで下げる

打ち合わせは取引先に行けばいいですし、そのほうが相手も面倒がなくて喜んでくれます。相手のオフィスに伺うことで、打ち合わせに必要な資料や情報などにもすぐにアクセスできます。自分のオフィスに招いたのではそれは無理です。

「事情があって自宅では仕事ができない」「どうしても場所が必要」という方は、極力、固定費を下げることを考えてください。

たとえばシェアオフィスは比較的賃料が安く、水道光熱費などの負担も軽くなります。地方自治体などが運営するインキュベーション施設もリーズナブルでいいでしょう。

つまり、在庫を抱えるようなビジネスでない限り、**常設でオフィスを持つことにメリットはない**のです。

つまらない見栄のために、分不相応な一等地のオフィスを借りることのないようにしてください。名刺の住所で値踏みするような相手とは、そもそも対等なビジネスは成立しませんよ。

自分で考えるな、人に訊け

人の頭の中、心の中は、外から見えません。

しかしビジネスにおいては、見えないものを見なければなりません。

年配の男性が、コンビニで手にした商品を再び棚に戻したのはなぜでしょう?

女性が洋服を3着も試着したのに、買わなかったのはどうしてでしょう?

彼ら彼女らの行動の理由は、当事者に直接聞かなければわかりません。

そして、その**答えはその場で得ておくべき**です。

しかし、たとえばお店の売り場ではお客さまにヘタに声をかけると警備員さんなどに叱られてしまうでしょう。場合によっては大騒ぎにもなりかねません。

ですから私は、その相手がいったん店を出るのを待って声をかけます。

なぜ声をかけたのか理由を示しながら、名刺を見てもらいながら、あくまでも怪しく見えないように……です。

手にした商品を棚に戻す行為はあまり深く考えずにおこなっているケースも多いので、その場で尋ねておかないと、時間が経ってしまった場合どうしても記憶が薄れてしまいます。

「なんでだっけ？」と悩んだ挙げ句、答えが出ないという場合も往々にしてあります。

いずれにしても**考えるヒントは現場、すなわち消費者に近いところにある**ということです。

自分ひとりの力には限界があります。

人に話を聞いてヒントをもらい、それと自分の考えを組み合わせれば、よりよいアイデアになります。

しかも、あなたは自分が考えた企画をひとりで実行するわけではありません。

クライアントや上司に伝えて賛同を得る必要があります。

「これは私が考えたアイデアです」

こう言うよりも……、

「お客さまがこう言っているんです！」

「ヒアリングの結果、支持者が多かった案です」

「お客さまの行動観察から導かれた企画です」

と言うほうが説得力は増します。

企画を提案されたクライアントとしても、企画立案者の個人的意見なのか、複数の視点を踏まえた案なのかで言えば、後者のほうが成功をイメージしやすいはずです。

ただし、多くの人が賛同する意見が万能かと言えば、そうではありません。

誰にでも通用する平均的なアイデアは、往々にして誰からも支持されないものです。

だからと言ってマニアックな意見に傾倒《けいとう》しても、うまくいくとは限りません。

明治の「THE Chocolate」という商品は、既存の板チョコとは一線を画すデザイン性の高いパッケージで注目されています。

この企画に対して、社内の上層部は「こんなデザインで売れるわけがない」と反対したそうですが、担当社員は「この商品のターゲットはみなさんの世代ではありません。我々のマーケティングでは若い世代に高評価を受けています」と説得して商品化に踏み切りました。いざフタを開けてみれば、商品の売上は絶好調だそうです。

誰のどんな意見を取り入れれば企画が成功するのか、唯一無二の正解など存在しません。多数派が正義のこともあるし、たったひとりの意見だけれど真髄《しんずい》をついていることもあります。だから、現場を見て感覚を研《と》ぎ澄まし、顧客の本音がどこにあるのか、インサイトを探っていきましょう。

答えは人とのコミュニケーションの中にあるのです。

本質の思考法 5

最良の答えは、現場の人が知っている

ホームページにアクセスを集めるな！

月間アクセス数が1万件のホームページと、月間アクセス数が１００件のホームページ、どちらがいいと思いますか？

アクセス数1万件のほうを選ぶ人が多いかもしれませんね。

ではどちらのホームページも月間販売数が10件だとしたら？

前者は訪問者の０・１％が、後者は10％がそれぞれ購買しています。アクセス数は前者が１００倍よくても、採算性で考えれば後者のほうが１００倍も優秀です。

ホームページをつくる以上は、いろいろな人に見てもらいたいと思うでしょう。

しかし、ターゲットが広いほど全方位的なコンテンツが増えていき、肝心のお客さまには刺さりにくくなります。コンテンツの量も必要ですから、制作費用がかさみ、投資に見合ったリターンは得られません。

いま一度原点に立ち返って考えてみましょう。何のためにホームページを開設しますか？

私は、ホームページを〝会いたい人だけと会うためのフィルター〟だと考えています。

不特定多数に向けて発信しても、そんなに大勢の人と会えるわけでもないですし、冷やかし半分や興味本位の人だけがやってきても正直困ります。

なるべく相思相愛の相手とだけ接触したい。ホームページの内容を閲覧して「いいな」と思ってくれた相手と会えれば、それで十分なのです。

個人事業主や小規模事業者の場合は、とくに人員に限りがあります。

ありとあらゆる人が集まってきても、無用な時間とエネルギーを取られるばかりで、メリットはありません。たしかな見込み顧客だけが集まればよいのです。

不特定多数をターゲットにしないということは、キーワード検索などによるヒットを期待しないということ。つまりホームページにアクセスしてくるのは、リアルの世界で何かしら接点を持った相手が大半です。

もちろん、その相手とは名刺交換をしているはずです。

彼らがあなたのホームページを見るのは、名刺交換の場で詳しい話ができなかったけれど、もう少し情報が欲しいと思っているからです。となれば、ホームページには「私はこういう人間です。当社はこういう会社です」「こういうビジネスパートナーと出会いたいと思っています」といったメッセージがきちんと書かれている必要があります。

また、相手はあなたの会社を少し知ったうえで、もっと知りたいと思っているわけです。名刺や自己紹介で得た印象と、ホームページのコンテンツが期待通りに一致していれば、仕事につながる可能性が高まります。

ホームページは網羅的に仕掛ける投網《とあみ》ではありません。リアルの場で出会った人に補足情報を提供することで、グッと縁を手繰り寄せるための一本釣り漁法なのです。

本質の思考法
6

ターゲットは広げすぎない

終わりは始まり、とことん未熟でいよう

「これで完璧」

そう思った瞬間に成長が止まります。

できる人ほど「常に上がある」「成長したい」という向上心を持ち合わせているものです。

マクドナルドの創業者レイ・クロックは、

「未熟でいるうちは成長できる。成熟した途端、腐敗が始まる」

「私は未熟で、成長の途中にある」

「自己を未熟ととらえることができれば（中略）成長を続けられる」

このように語っていました。

これには完璧に同意です。

この視点は年齢や仕事の種類とは関係ありません。

いつまでも人から教わる姿勢を持ち、学びたいと思い続けることが大切です。**精神を飢餓《きが》状態に保つ**と言ってもいいでしょう。

「自分にはまだまだ不足しているものがある」

「満ち足りてなどいない」

このように思うからこそ、乾いた砂地に水が沁《し》み込むように、誰かに教わったことがスッと心に入っていくのです。

「結果はすべて経過である」という言葉があります。

これでおしまい！　ということはなく、人が生きている以上、終わりは常に始まりなのです。

ヒントや参考になる情報は多いに越したことはありませんから、間口は広げておきましょう。

私の大好きな作詞家、故・阿久悠先生も常に高みを目指している人でした。

阿久悠先生は作詞家として多数の名曲を世に送り出し、日本レコード大賞で何度も作詩賞を得ています。作詩賞7回だそうです。

しかし、作詞家にとっては作詩賞が最高の栄誉かと思いきや、彼が本当に望んだのは「日本レコード大賞」でした。

いい詞を書き、それが評価されるだけでは飽き足らない。

もっと上があるはずだと、飢餓感にも似た思いで常に上を目指した人でした。

常に〝もっと先〟〝何か新しいことを!〟とこだわり続けた人でした。

その精神、止まらない魂を見習いたいと思います。

本質の思考法 7

満ち足りてしまった瞬間、成長は止まる

期待をするな、執着は捨てよ

フェイスブックなどのＳＮＳで、嫌な思いをしたことがある人はいませんか？

心ないコメントを書き込まれたり、悪評が立つような記事をアップされたり、ひどい出来事が実際にあちこちで起きています。

ＳＮＳにはそういうリスクがつきものですから、嫌な思いをした人には「もうやめてしまってはどう？」と助言をするのですが、「そうですね、これからは閲覧しないようにします」「もう書き込みはやめました」といった答えが返ってくることがあります。

ん？　それって、やめていないですよね？

「やめる」とはアカウントを削除して完全に縁を切ることです。そうすれば嫌な記事を見ることも、面倒なダイレクトメッセージを受け取ることもなくなります。

でも多くの人はそうはしない。アカウントは残したいのです。

なぜか?

100回の嫌なことに遭遇しても、1回のチャンスに巡り合えるのを期待しているからです。

SNSを続けていれば何かいい知らせが入るかも、いい出会いがあるかも、チャンスを手にできるかも……。

そんな期待には何の意味もありません。

そもそも仮にまぐれ当たりでいいことがあるにしても、それを上回る嫌なことやキツイことを抱えながら喜べますか? いつ来るともしれないまぐれ当たりを待ちながらの日々が果たして楽しいでしょうか?

私にはどうしてもそうは思えません。

そうやって**〝自分以外の何かに期待する習慣〟がついているから、散々な思いをしてまでSNSに執着する**のです。

これはSNSに限ったことではありません。

自分以外の何かに期待し、執着する構造は社会全体に蔓延《まんえん》しています。

しかも自分自身がそうであると自覚していない人が多いこと。

何かトラブルが起こると、当たり前のように他責で受け止めたり、誰かが解決してくれるだろうと傍観者に徹したりして、自分で考えて動くことをあきらめてしまうのです。

胸に手を当てて考えてみてください。

あなたはどうでしょうか?

自分で考えて、自分で仕掛けて、自分で動いているでしょうか?

本質の思考法 8

他人軸ではなく、自分軸でいこう

Chapter
2

つまらない現状から、抜け出せ!

上司の言うことを聞いてはいけない

ある程度の人数の組織になればどうしても上下関係が発生し、上司と部下という関係が生まれます。組織内では上司のほうが偉いとされ、より多くの決定権を持っているし、指揮命令の権限もあるので、部下としては上司の指示に従う必要があります。

しかし上司が上席者であることと、その指示が正しいかどうかは別問題です。

最近多く見受けられるのは、クライアントや社内上席者の顔色ばかりをうかがって、まったくエンドユーザーに目を向けていないケース。

「そのキャンペーンをやっても盛り上がるのは内輪だけで、エンドユーザーは喜ばない」

そんなツッコミを入れたくなる場面は山ほどあります。上司の指示が正しくなければ「これはエンドユーザーのためにならない」と指摘するべきでしょう。

少し前のことです。某飲料メーカーのスタッフとキャンペーンの打ち合わせをしているときに、どうにも話がかみ合わず、ふと気づいたことがありました。

そのメーカーの人は、飲料を容器に詰めて販売するボトラーを「お客さま」と呼んでいるのです。しかし私にとっての「お客さま」はキャンペーンの対象であるエンドユーザーです。

話がかみ合うはずもありません。なので、クライアントである相手に対し、私は勇気を持って進言しました。これは自社の上司との間のケースではないですが、意味は同じです。

もちろん業種業界によって、また企業ごとに事情はあるでしょう。ですが、できる努力があるのにやっていないのだとしたら、それはいけないことなのです。

さて、あなたは誰のための仕事をしているのでしょうか。もう一度、考えてみませんか？

本質の思考法 9

上司のためではなく、お客さまのために働く

スマホに支配されるのは、もうやめよう

「歩きスマホ」「ながらスマホ」……危険だからダメ！　という論調がほとんどです。

実際に道路や駅のホームなどでの事故は増えるばかりです。しかし、ここではその「危ない」という意味とは別の、歩きスマホの隠れた危険性について話したいと思います。

歩いているのにスマホを手離せない人。傍《はた》からはどう見えるでしょうか？

答えは……「**切り替えのできない人**」です。

状況判断ができない人、メリハリのつけられない人、何事にも集中できない人、よそ見ばかりする人、いま自分が置かれている環境を理解できない人、落ち着きがなくて優先順位が決め

られないダメな人……に見えてしまうのです。

若いころからゲーム機や携帯電話に親しんでいる世代はともかく、年配者の中には、いまだにスマホやケータイ電話を忌《い》み嫌う人もいます。

そして、じつはそんな方が意志決定権や金庫の鍵を握っているケースも多いのです。

その人たちにとっては歩きスマホも、ながらスマホも言語道断。仕事ができるかどうかを見る以前に、ダメな人の烙印《らくいん》を押されかねません。

ダラダラとスマホに支配される生活はやめましょう。

本質の思考法 10

切り替えとメリハリをつける

歩いているときに電話がかかってきたり、急ぎの返信が必要だったり、地図を確認したり、操作が必要なときは立ち止まって、周囲の迷惑にならない場所でサッと用事を済ませる。

そして再びスマホをポケットかカバンにしまって、前を向いて歩き出す。そのメリハリある行動こそが、切り替えができて、周囲に気配りができる人という評価につながるのです。

〝引き寄せ〟は禁止です

『引き寄せの法則』（SBクリエイティブ）という大ヒットした書籍の発行から10年が経とうとしています。いまだその人気は衰《おとろ》えません。みんな、引き寄せ……大好きですよね。でも、そんなに引き寄せてどうしたいのでしょうか？

引き寄せようとするから、来たら困るものまで寄ってくるということもあります。

引き寄せられたものは玉石混交です。有象無象が集まったものを選別するスキルを持っていないと、無用なところにエネルギーを奪われてしまいます。

交流会でやたらと名刺を配るのも引き寄せです。「これもご縁ですから」と挨拶されても、私なんかは「そうですか？」と返してしまいますし、勝手にご縁を設定しないでほしいのです。

結果、何の接点も見いだせなければ、お互いに時間のムダでしょう。

あなたがもし具体的に「こういう人と知り合いたい」という希望があるなら、その交流会の主催者にお願いをして紹介してもらうべきです。

「こんな方がいらっしゃったらぜひ紹介してください」と、あらかじめ依頼しておくのです。

主催者は参加者に対し便宜《べんぎ》を図る義務がありますから、少なくとも何らかの気遣いはしてくれるはずです。あるいはマイクを借りて「○○に関心のある方がいたら一緒に語りませんか？」と呼びかけるのです。こういった工夫をしないと会いたい人に会うことはできません。

そこで、私が最近提唱しているのは「遠ざけの法則」です。

へんてこな人が寄ってこないように、遠ざけたい人や事柄を表明するのです。

たとえば、人気ラーメン店「蒙古《もうこ》タンメン中本」は真っ赤な看板を掲げています。

激辛好きにファンの多いお店ですが、看板はまさにトウガラシのイメージで中本のラーメンの辛さを物語っています。辛いのが苦手な人なら躊躇《ちゅうちょ》するはずです。これが遠ざけの法則。

「ガチガチ専門」という店名のマッサージ店も同じです。この店名を見れば、肩や腰がガチガチになっている人以外は入ろうと思わないでしょう。つまり、このお店はガチガチにこっているお客さまを選んでいます。

蒙古タンメン中本もガチガチ専門も、万人受けを狙ってはいません。ニッチな戦略です。

必要な人に必要な商品・サービスを届けるからリピーターが増えて、収益が安定して強いお店になれるのです。

私たちは74億人の全地球人を相手にはできません。

誰彼かまわず引き寄せたって、何も手元には残りません。

「これがいいと思う人以外とはつき合いません」くらいの強い宣言をしても大丈夫です。

それを見て遠ざかる人は最初から縁のない人だし、宣言を見て「私もこれがいいと思っていました！」と言ってくれる人が必ず出てきますから、そういう価値観を共有できる相手を大切にしていけばよいのです。

本質の思考法 11

「遠ざけの法則」を使う

時間を守れないヤツは、切り捨てていい

ある広告代理店のメンバーと、大事なクライアントを訪ねた日のこと。

私は集合時間の10分前には現地に着くようにしているので、自《おの》ずと一緒に訪問するメンバーを待つことになります。

集合時間になるころ、広告代理店の若手メンバーが到着しました。

しかし、プロジェクトの責任者の姿が見えません。

責任者は別行動をしているとのことで、5分前になっても2分前になっても来ません。

イライラしながら待ちました。責任者が大して悪びれもせず現れたときは、クライアントと

約束した時間をとうに過ぎていました。

ミーティングの冒頭、私はクライアントを前に、

「私は待ち合わせ時間には着いていたんですが、この方が遅れられて、会議の開始が遅れてしまいました」

と正直に話しました。

すると隣にいたその責任者の顔はみるみる赤くなり、いまにも湯気が出そうな勢いです。かろうじて彼はクライアントに謝罪の言葉を発しましたが、ミーティングが終わって会社の外に出るやいなや「おい中山さん、あれはないだろう！」と怒り出しました。

私は事実をありのまま述べただけです。

遅刻の理由が曖昧なままでは、私も時間を守れない人間だと、クライアントを待たせて平気な人間だという評価を下されるわけですから。

リサーチやマーケティングやプランニングの仕事は、すべて情報であり、締切が命です。

何よりも時間に正確なことが重要で、ほんの少しでもタイミングがずれると、その情報はゴミになります。

本質の思考法 12

「正直者は馬鹿を見る」はウソ

そういうシビアな仕事をしているのに、責任者には自覚がまったくありません。情報を扱っている人間として、時間にルーズかも? という評価は致命傷になりかねません。だから私はあえて嫌われるのを、いえ、切られるのも覚悟でこういう行動をとりました。私にとってはそれが最良の方法だったからです。

仕事に一蓮托生《いちれんたくしょう》なんてありません。死なば諸共なんてあり得ないのです。ちょっとずつ時間に遅れるクセは本人が自覚している以上にダメージが大きく、取り返しのつかないことになります。

その怖さをぜひ知ってもらいたいのです。

飲み屋の達人であれ

純粋にお酒を楽しみたくて、ひとりで飲みに行くこともあるかもしれませんが、多くの場合は上司や同僚、仲間と一緒ではないでしょうか。いわゆる「飲みニケーション」です。

しかし誰を連れて行っても、いいコミュニケーションが生まれるような飲み屋さんはそう多くありません。だからこそ**用途に合わせて使いこなせると、仕事ができる人に見られます。**

東北出身の日本酒好きな上司と飲むなら、東北の地酒が豊富な居酒屋さんがいいだろうし、メンバーに女性が多い場合は、雰囲気がよくて洒落たデザートの用意があるレストランが喜ばれそうです。

そうやって相手に合ったお店を紹介して気に入ってくれると、その人はまた別の人を連れて再訪します。あなたを起点にして新しいお客さまがどんどん増えていくのですから、お店も喜んでくれて、ますますあなたを大切にしてくれるでしょう。

これが仕事の成果として返ってくることもあります。

ある日の夜9時になろうかというころ、大手食品メーカーの東京支店の担当者から私のところに電話がありました。

「支店長が大切な取引先と会食をしている。大いに盛り上がり、二次会には女性が接客してくれる店に行こうという話になった。銀座なら行きつけのお店があるが、新宿界隈では馴染《なじ》みのお店がない。どこか紹介してもらえないだろうか」

「わかりました、10分後にもう一度電話をください」

私はそう言って電話を切るや、心当たりのお店に電話をかけて「これからこういうお客さまが行くので、この子とこの子をテーブルにつけてほしい」などとこまかいオーダーをしました。

普段から使っているお店なので、少々のわがままはあっさり聞いてもらえました。

10分後、東京支店の担当者に段取りを伝えて、東京支店長一行は無事お店に到着。待ち合わせ場所まで迎えに来てくれた店の女性の対応は高評価でした。

取引先はいたく気に入ったようで、その後、何度も通ってくれました。

お店からは新しい常連さんができて感謝されましたし、東京支店の方々も接待の効果で契約が増えたと喜んでくれました。そして東京支店長は「中山さんと仕事がしたい」と、後日、私に数千万円のプロジェクトを任せてくださいました。

飲み屋の達人になると、みんなを幸せにできるのです。

ちなみに達人を目指すなら他人の情報を鵜呑《うの》みにしてはダメ。実際にお店に行って、自分の目で見て味わって、何回も通って納得できるお店だけをリスト化していってください。

ちなみに私は、東京は新宿の繁華街だけでも280店舗くらい紹介できるお店がありますが、そこまでは無理としても、タイプ別に10店舗くらい知っていると、だいぶ使い勝手がいいと思いますよ。

本質の思考法 13
飲食店をビジネスの武器として使う

〝バトン渡し名人〟は、人生がうまくいく

あなたの知人が、ほかの誰かにあなたのことを伝えるとき、どういう人だと表現されているか考えたことはありますか?

自己紹介ではなく〝他己紹介〟ですから、あなたが思うように語ってくれるとは限りません。さらにその他己紹介を聞いた人が伝言ゲームのごとく、また別の誰かに語るとなれば、どういう表現で伝わっていくかは、もはや神のみぞ知る領域かもしれません。

評判や噂はリレー競技のバトンのごとく、人から人へと伝わります。であれば、バトンリレーを前提に自分が思うようなバトンを渡してみてはどうでしょうか。

たとえば、

①「ライターです。ネットや雑誌で日本酒の記事を書いています」
②「ライターです。記事を書くために100ヵ所の酒蔵を巡りました」

このような2つの自己紹介があります。

言葉はバトンリレーをするうちに言い換えられたり短縮されたりするので、ちょっとずつ言葉を省《はぶ》くと、前者は「単に酒の記事を書くだけの人」、後者は「酒蔵を真面目にたくさん回って、リアリティのある記事を書く人」という印象がそれぞれ残りそうです。

肝心なのはあなたが最初に渡すバトンです。

つまり**自分のことをどう紹介してもらいたいのか、それに見合うキーワードやキャッチフレーズをきちんと伝えられているのか**です。

意味不明な表現や言葉ではバトンにならないし、場合によっては悪い印象さえ与えてしまいます。

バトンとなる言葉がしっかりしていると、伝言ゲームで〝意味の減衰《げんすい》〟が起こりにくくなります。つまりずっと正確に伝播《でんぱ》し続ける。これが大事です。

自分を伝えるのにふさわしいバトンは、アドリブで出てくるものではありません。聞いた人が思わず誰かに「私の知っている人で、こういう面白い人がいて……」と語りたくなるようなキーワードやキャッチフレーズを、事前に準備しておく必要があります。

そのキーワードやキャッチフレーズは自己紹介の際に伝えるだけでなく、適宜、会話にも織り交ぜます。印象に残る言葉を繰り返して語りかけ、相手に刷《す》り込んでしまうのです。

受け取った人が思わず次の人に渡したくなる。

そんなバトン名人を目指してください。

本質の思考法 14

「どう紹介してもらいたいか?」を考える

スケジュールを埋めすぎると、チャンスを失う

やたらとスケジュールを埋めたがる人、いますよね。

真っ黒なスケジュール帳を眺めると「引き合いがある」「人気者なんだ」「社会に必要とされている」と感じて安心するのかもしれません。

でも、そういう人に限ってそれほど重要でもない会合やら、不要不急の打ち合わせが多いように見受けられます。何かを成すために予定を入れていくのではなく、**予定を入れること自体が目的化している**ように見えるのです。

予定でいっぱいになることで、失っているものがあるはずです。新規案件のオファーが来た

のに予定が詰まっていて受けられなかった、という話はめずらしくありません。

仕事を依頼する立場で考えれば、いつも「忙しい」と言って断る人に何度でもオファーすると思いますか？　次第に声をかけなくなるのは当然の流れだと思います。少なくとも私はそうします。

どうしても「その人じゃなくてはダメ！」というレベルならともかく、大抵の場合は多少イメージが違っても、準ずる成果を出してくれる人がいます。

最初は代打として依頼しても、その代打さんがいつも気持ちよく「すぐ伺います！」と返答して対応してくれるとなれば、いつしか代打が本命になるのも必然でしょう。

以前、食事の席である方から「〇〇の仕事を一緒にやってよ！」と依頼を受けました。

その仕事には優秀な印刷会社が不可欠でした。私は2社、頭に浮かんだうちのA社の担当者にその場で電話を入れました。しかし彼は「ここしばらくパンパンにスケジュールが詰まっているので、打ち合わせができるのは3～4日後になります」と言いました。

私は即座にB社の担当者に電話を入れました。

A社とB社、実力・クオリティは遜色《そんしょく》ありません。

Ｂ社の担当者は「中山さん、いまどこにいます？　たまたま近くにいるので、これから行きますよ！」と言って、すぐに駆けつけてくれました。

結果、Ｂ社は年間で数千万円の仕事を受注し、以降コンスタントに仕事を請《う》けるようになりました。一瞬の〝スケジュールは別腹〟という考え方がそれを生んだのです。

本当にやりたい仕事でスケジュールがいっぱいなら、それはそれですばらしいことです。

でも、断った案件に未知の可能性があるかもしれません。

それを検討する余地がないほど予定を詰め込んでも、いいことはないと思います。

チャンスは自分のスケジュールとは無関係にやってきます。いつどこで何が巡ってきても、ひとまず受け止められる余裕は持っておきたいものです。

本質の思考法
15

スケジュールの別腹は空けておく

自分のクセ、知っていますか？

「なくて七癖」と言います。

クセがないように見える人でも、少しはクセを持っているものだということです。

あなたは自分のクセ、見つかりますか？

貧乏ゆすり、爪を噛む、顎《あご》を触る、髪をいじる、メガネを触る、眉間《みけん》にしわを寄せる、唇を尖《とが》らせる、指をトントンと鳴らす、マイクを持つとき小指を立てる……ちょっと考えただけでも、どんどん出てきます。クセの種類は天文学的な数かもしれません。

「いろいろ考えてみたけど、自分にはそんな目立つクセはないと思うんです」という人もいるでしょう。問題はそこです。

自分では自分のクセに気づきにくいのです。

かく言う私もクセがあります。

随分前になりますが、やたらと会話に「そして」を挟んでいた時期がありました。そんな自覚はまったくなかったのですが、あるとき自分が話したミーティングの音声を聞き返したところ、もうガマの油のごとく嫌な汗がダラダラと流れてきまして……。

自分のクセを知るには録音や録画などの手法（ＩＣレコーダを胸のポッケに忍《しの》ばせるやり方が一番です。いつの間にか存在を忘れてしゃべっていますから）を使って、自分を客観的にとらえることが最良です。

でも、それは結構な苦痛を伴う作業かもしれません。

普段自分の声だと思っているのとは違う声が聞こえてくるので、クセを見つける以前に、何とも言えない気恥ずかしさを感じることと思います。その挙げ句に思わぬクセが発覚するわけです。想像しただけで赤面ものです。

でも、そのクセをみんなの前で披露しているのですから、気づかないままのほうがよほど恥ずかしいですよね。

勇気を出して自分を見つめ直してみましょう。

マイナスのクセなら直すしかないのです。

会話や行動だけでなく文章にもクセがあります。

もちろん私の文章にもあります。

小説家や文筆家はクセも味わいや個性だと受け止められ魅力になる場合もありますが、ビジネスシーンの文章には必要ありません。

意図したことが的確に伝わることが最優先事項です。

あなたの文章のクセが相手の理解を妨《さまた》げるなら、クセは排除すべきです。そのためには、ときどき誰かに読んでもらってフィードバックを受けるといいでしょう。

本質の思考法 16 自分を客観的に見るために、フィードバックを恐れない

相手に気づかれずに、恩を売れ！

「恩を売る」

あまりいい意味で使われない慣用句です。恩を売って見返りを得ようという、あざとい気持ちが透けて見えるからでしょう。でも実際には恩を売るといいことがあるのも事実です。

ある商品をブログで紹介したときのこと。

特別な意図があったわけではありません。普通にお金を出して買って使ってみたら、とてもいい商品でした。「これはぜひともみんなに教えたい！」と思い、ブログに書いたのです。

私にとってはじつに普通のこと、よくあることのひとつです。

そうしたら、その商品がかなりの売れ行きで、メーカーの方々がヒットの理由を調べたところ中山マコトなる人物（私）のブログで紹介されたことがわかりました。いろいろな販促活動があり、その中別に私が紹介したからヒットしたわけではありません。それだけのことで何の因果関係もありません。が、それにでたまたま外部の私が目についた。それだけのことで何の因果関係もありません。が、それに感謝してくれた担当者が私に連絡をくれて、お礼を言ってくださったのです。

さらに後日、仕事もご一緒させていただき「こういうこともあるのか」と思った次第です。

善行《ぜんこう》は気づかれないところで実行してこそ美しいもの。

しかし、せっかく行動する以上は相手に気づいてもらわないとイヤだと思う人も多いです。

そういうタイプは「御社の商品、ブログで紹介しましたよ」とわざわざ言ってくるし、ひどい場合は「ブログで書くから、何か還元してください」と最初からキックバックを要求するような人もいます。そういう人とは絶対にお近づきになりたくはないでしょう。

恩を売る際には、相手に気づかれなくてもいいという覚悟が必要です。

シャレ的に言えば「**恩＝ONはOFFで売れ！**」という感じでしょうか。

でも相手の役には立ちたい、喜ばれたい……さあ、どうするか。

本質の思考法
17

下心を捨てると、うまくいく

世の中にはその分野の達人がいます。

私が親しくさせていただいている、ある営業コンサルタントがいます。

彼は外資系生命保険の営業パーソンだったころ「泊まりで食事もできるゴルフ場を探している」というう顧客のひと言を受けて、何件もゴルフ場を当たり、よさそうなゴルフ場まで出向いて、そこのレストランで食事をして、自信をもって紹介できるところを探し出しました。

努力の甲斐あって、紹介されたお客さまは大変喜んでくださったそうです。

後日、保険にも加入してくれましたが、それは結果論に過ぎません。

彼は契約件数を伸ばすためにゴルフ場巡りをしたわけではなく、そのお客さまとゴルフ仲間の面々が心から満足できる一日を過ごすことだけを願って行動しました。

恩は無欲であること、下心がないこと、純粋に相手の役に立ちたいと思う無償の愛からしか生まれません。逆に言えば、それが「売れる恩」の条件なのです。

Chapter 3

他人が言う「正しさ」に、惑わされるな

大は小を兼ねない

大きいことはいいこと……でしょうか？

大は小を兼ね……ないですよね？

会社でもビジネスでも、「大きいほうがいい」という風潮。「早く上場したい」「年商100億円が目標だ」……それってどうなのでしょう。

小さいものには、小さいよさがあります。

小回りが利く、フットワークが軽い、経営体質がいい、利益率がいい、自分たちで自由に使えるお金も多い、全体最適をつくりやすいなど。

ところが企業規模が拡大すると、これらの利点はすべて損なわれます。

決済に時間がかかる、制約が多くて動きが悪い、借り入れなど負債が増える、利益率が低下する、株主が増えて自由裁量領域が狭《せば》まるなど。

ほら、どうですか。

無為に会社を拡大することは、あなたの会社を知らない会社にするようなものであり、いまでとまったく違う、経営経験のない会社を経営するようなものなのです。

私は仲間たちと会社を経営していた時代、「小さくてもいいからとにかく強い体質の会社を目指そう」といつも言っていました。

「日本一利益率の高いマーケティング会社にしようよ!」と言い続けていましたが、それは叶わぬまま、私はその会社を出ることになりました。とても悲しかったです。

そういうこともあり、自分でコントロールできる規模から逸脱しないことが大事だと思うのです。規模を拡大するなら、利益率を維持したままで大きくすること。

そのためには何をすべきか。

自分たちの得意な本業をしっかりとやること。これに尽きます。

本質の思考法
18

自分でコントロールできるサイズ感がいい

多角経営に乗り出すのは、売上高を増やしたいからでしょう。新規事業は勝てそうな領域に挑戦するのですから、最初は売上が伸びるかもしれません。しかし、その領域における経験も競争力も不十分なので、利益率はかなり低く、初期投資の負担を考慮すれば利益が出ていない可能性は高いです。

そんな事業をたくさん手掛けても、強い体質の企業にはなれません。分不相応に身体ばかりが大きくなって栄養が行き渡らないようでは、倒れるのも時間の問題です。

あなたの企業の本来の強みは本業にあります。規模を追い求めて動き回るのではなく、本業にしっかりと軸足を置くことが大切なのです。

他人の応援はしない

「応援します」

いい言葉です。いかにも利他の精神をもって、他者を大切にしているように聞こえます。

しかし現実にはそうではないことがほとんどです。他人を応援することで自分にもいいことが返ってくると、意識無意識にかかわらず期待している人が多いのです。**「応援」とは本来とてもエネルギーのいることで、誰彼かまわず言えるような軽々しい言葉ではないはずです。**本気でやるなら自分の仕事はそっちのけでやらないと無理です。普通はそんなことできません。

では、どんな応援ができるのでしょうか?

本質の思考法 19

川でおぼれている人を助けるがごとく応援する

正しい応援とは、相手をきちんと見ること。つまずいたり、迷ったり、立ち止まったり、そういう場面こそ見ていてあげる。間違っていることがあれば指摘をする。言うときは勇気がいります。応援したいくらい大好きな相手に、耳の痛いことを進言するわけですから。

そのせいで相手から疎《うと》ましく思われるかもしれません。でも自分のためじゃなく、相手の役に立つと思えばこそ、必要なことを伝えるのです。**そうして生まれていく関係こそ「人脈」と呼び、その人脈の中にいる人を「仲間」と呼ぶのです。**

仲間が川でおぼれているときに「助けることが相手のためになるのだろうか？」などとは考えませんよね？　一も二もなく手を差し伸べるはずです。そこに余計な判断や、無用な配慮が入り込む余地などないのです。これが仲間であり人脈であり、そして応援の本質です。

正しい応援と、正しくない応援。その境界線は相手の未来のための行動かどうかにあるのだと思います。あなたには、本当の仲間と呼べる存在がどれだけいますか？

立て替え仕事はしない

仕事を請け負うとき、あなたが単独で受託する場合と、協力してくれるパートナー企業や個人とチームで動く場合があります。

大きな企業の場合は、代表幹事となる企業が丸ごと案件を受託し、そこから協力先に分割発注するスタイルが多いです。

しかし小規模事業者や個人事業主の場合、そのやり方は絶対におすすめできません。

あなたが幹事となって丸ごと受託すれば、たしかにあなたの会社の売上は大きくなります。

ただ、外注費もそれだけ大きくなるので、実質利益で見ればそれほどのメリットもありません。むしろ支払いの事務処理などが増えるので、デメリットかもしれないのです。

だから私は幹事役を引き受けても、外注分も含めて受託することはしません。

取引先には「関係者の取りまとめやプロジェクトマネジメントは責任をもっておこなうが、支払いについては個別におこなってほしい」と申し入れています。

会社によっては取引先が増えると、取引先登録など、書類上の手続きが煩雑《はんざつ》になることを嫌い、丸ごと受託してほしいと依頼してきます。

しかし、それは**仕事の本質やクオリティとはまったく無関係です**。

そもそも、発注元が仕入れ先と口座を開くのは当然のことであり、あなたが立て替えを引き受ける＝つまりリスクを負う必要はないのです。

百歩ゆずって協力先が気心知れた相手ばかりならば、丸ごと受託しても成立するかもしれません。ただし案件が大きくなると初めての取引先をチームに入れる可能性も出てきます。

企業によっては、初めての取引の場合は支払いを猶予《ゆうよ》してくれません。とくに物理的な商品・製品の納品がある商取引の場合はその傾向が強いです。

そうなると、いままでは発注元からの振り込みを待ってから、協力先に外注費を支払えばよかったのに、先払いを求める企業がチームに加わると、あなたが肩代わりをして支払うことになります。金額が大きければ、先払いするために借り入れをせざるを得なくなったり、手形を割り引かなくてはならなくなったりします。

その瞬間、**利息、割引料という目減りが生じます。**

借り入れは当然、利益率の低下を招きます。

しかも案件規模が大きいほどに、手数料も軽視できない金額になります。

立て替え仕事は百害あって一利なし。

見せかけの売上増大や、取引先からの「丸ごとでお願い」や「売上が上がると銀行からの評価が上がるよ」という悪魔のささやきに惑わされないでください。

本質の思考法 20

立て替え仕事は必ず損をする

類も友もいらない

考え方や好きなことが似たメンバーで集まるのは楽です。しかし、同じ考え方、似たような目線を持つメンバーだけが集まる集団には限界があることも覚えておきましょう。

似た者同士の会合で何かしらの議論を交わしても、多様な意見や新たな知見が生まれることは期待できず、何となくひとつのベクトルに意見が集約されて〝そこそこ〟納得して終わることが多いです。要は**一定の思考の枠組みから離れられないのです**。

観念が固定化しているので、融通が利かないとも言えます。

そういう組織には「お山の大将」がいます。大将は自分がトップに君臨《くんりん》していたいから言う

本質の思考法 21

異質の掛け合わせに、発見がある

ことを聞くメンバーを可愛がり、彼らを上手に使おうとします。彼らは彼らで、似た者同士のグループで浮くことを恐れて大将に従う道を選ぶ。世の中のコミュニティの多くはそんな構図に見えます。そんな「類友コミュニティ」では新しいものは生まれません。

バラバラの価値観を持つ人たちが集まって異なる意見を交わすから、新たな発見があるし、いままでにない考えや視点を持つこともできます。異質の掛け合わせの妙というニュアンスを込めて、私は「**クロスダイナミクス**」という造語で呼んでいます。

同質化した人間の集まる、ぬるま湯で過ごすよりも、多種多様な価値観のメンバーが集まって何が生まれるかわからない刺激的な議論を交わせる環境に身を置くほうが、よほど人生が豊かになります。だから私は類も友もいりません。

私はできる限り、自分とはタイプの異なる価値観や個性を持った人たちと過ごす時間を大切にしています。そうすることで毎日新しい刺激を受け、新たな発想を積み重ねているのです。

投稿はするな、投考をせよ

ＳＮＳ全盛《ぜんせい》の現代、それは世の中と自分をつなぐ窓のようなものです。

自分の書いた記事が誰かの目に触れます。

どこに行き、誰と会って、何を食べたのか、ささやかな日常がたくさんの人の目に触れ、まるでショールームみたいです。

しかもＳＮＳは見えないところで、見えない人とつながっています。

たとえば私の書き込みに反応したことで、まったく別の場所で知り合ったAさんとBさんに面識があることが発覚するなど、意外な関わりが見えてくるところがＳＮＳの面白いところであり、厄介なところでもあります。

SNSでの投稿は常に誰かが見ています。

しかも、**あなたの想定外の相手も見ている可能性があるのです。**

あるとき、まったくつき合いのなかった書籍の編集部から原稿の執筆依頼がありました。

ありがたいことですが、なぜ私に依頼したのかが気になり担当者に質問したところ、SNSでのやり取りがきっかけだったそうです。

その担当者とは、偶然ですがCさんという共通の知り合いがいました。

私はときどきCさんの記事にコメントし、Cさんもセンスのいいユーモア溢れるコメントを返してくれました。

私たちはSNS上で漫才のような掛け合いを楽しんでいただけなのですが、担当者はそれを読んでいて「この人に原稿を依頼したい」と思ってくださったそうです。

こんなふうにいい結果につながるケースばかりではありません。

何も考えずに書いた記事が誰かを不快にさせることもあります。ちょっとした誤字や脱字のせいで、せっかくのいい提言や善行が台無しになることもあるでしょう。

本質の思考法 22

何も考えずに情報発信しない

SNSは誰かの目に触れるということを常に意識してふるまうべきです。

SNSでは投稿の数が多いほうがいいという考えの人もいますが、そうではありません。そこら中に炎上の火種をまき散らしても、誰も得しません。

大事なのは内容です。

「投稿」ではなく「投考」であるように、送信ボタンを押す前に見直す習慣をつけましょう。

いつやるの? いまじゃないでしょ?

「いつやるの? いまでしょ!」

流行りましたね、このフレーズ。普段の会話に活用している方も多いでしょう。

ただ、このメッセージ、もともとは受験生向けです。

受験生の場合、来年のいつまでに成果を出さなければいけない、みんな同じ条件で時間の制限がある、そんな場合は「いまやらなきゃ!」が通用するわけです。

ですがビジネスシーンでは、すべてにおいて「いまでしょ!」の迅速性が優先されるわけではありません。「いまでしょ!」に縛られてはいけないのです。

「いますぐ」が必然である事柄は往々にして「欲」に直結します。

いま売れば今月の成績が上がる……すぐに決断すれば儲かる……すぐに返せば評価される……すぐに動けば不幸を避けられる……。いろいろな意味での欲を満たせるから「いますぐ」のエネルギーが湧いてくるのです。

私が会社員だったころ、自社のミスのせいでクライアントが怒り心頭だという報告が入りました。それで担当である部下に「すぐに謝ってきなさい」と言ったのですが、彼の行動が火に油を注ぐ結果になりました。

その部下は指示に従って早速クライアントのもとに向かい、お詫びをしました。

必死さは伝わったかもしれません。

それでクライアントから「わかった。謝罪はもういいよ。それでこのあと、どうするの?」と質問されて、「え?」と固まってしまったのです。部下は何も用意せず駆けつけたので、謝罪のあとを継ぐ言葉が見当たりませんでした。ただ謝っただけです。

その無策ぶりに、クライアントが怒り出すという最悪のパターンに陥りました。

指示を出した私も当然、アドバイスはしましたが、彼はそれをろくに聞きもせず飛び出したのです。

この場合、謝りに行くタイミングを1時間遅らせてでも、キチンとした代案＝解決策を用意すべきです。「代案を用意したうえで、すぐに謝ってきなさい」というくらい、こまかく指示を出さなければいけなかったのかと、半ば呆《あき》れながら反省もしました。部下にも申し訳ないことをしたと思っています。

本質の思考法 23
代案を用意してから動く

何か行動するとき「いつやるの？」と自問するのはいいと思います。

受験生のように、目標も課題も明白な場合はいますぐ取り組むことが大切です。

しかし**ビジネスの場合は、何でもいいから動けばいいわけではありません。**

いますぐやるべきことは何なのか、物事の優先順位を考えて動くようにしましょう。

専門用語は捨てなさい

言葉というものは、じつに厄介です。

同じ言葉でもお互いに違う意味で使っていて、会話がかみ合わないことがあります。

たとえば「あほ」と「ばか」は同じような言葉に見えても、地域性があり、うかつに使うと相手に不快感を与える危険性があります。

関西では一般に、「あほ」には愛があるけれど「ばか」は本当にバカにして聞こえるからダメだと言います。

関東では「ばか」よりも「あほ」のほうが深刻に受け止められがちです。

マーケティングやコミュニケーションのように、日常的に使われている単語も常に同じ意味で使われるわけではありません。**同じ言葉でも、受け取る相手によってはまったく異なる意味で受け取っている場合が多い**のです。

私が一番それを痛感するのが「コミュニケーション」という言葉です。

奥さまに使えばご主人との関係づくりの意味に捉えるでしょうし、ママに対して使えば子どもとの交流の意味になるでしょう。部下を持つ人にとっては部下とのつき合い方を指すでしょうし、学校の先生にとっては生徒との関係づくりを示すでしょう。

事程左様に言葉は難しい。

だからこそ「この場合のコミュニケーションは狭義《きょうぎ》の意味で……」などと前置きしてあげないと、「ぼくはこう思っていた」「私はこれだと思っていた」などと、議論が紛糾《ふんきゅう》する可能性があります。まして**専門用語や業界用語、流行語などは、まずまともに通じないと考えるほうが正しい**でしょう。

身内の会話なら専門用語や業界用語のほうが意思疎通を図りやすいことがありますから、それでもいいのですが、共通言語を持たない人たちの前でやたらとカタカナワードや三文字アル

本質の思考法
24

わかりやすく、丁寧な言葉で伝える

ファベットを連発すると、「わかったふりして適当なことを言っている」「よくわからない言葉ばかりで信用ならない」という悪印象さえ残しかねません。

相手によっては煙《けむ》に巻こうとしている……と受け取られかねないわけです。

人と話すときは誰もがわかる言葉を選ぶようにしましょう。

難しい言葉を並べたところで賢そうには見えません。

むしろ、わかりやすい言葉を適切に使いこなしているほうが理知的ですし、そのほうがあなたの伝えたいことをきちんと伝えることができますよ。

高い理由ではなく、安い理由を説明しなさい

高額商品ほど、商品説明が丁寧な傾向にあるようです。

こういう研究をしたとか、こういう材料を使っているとか、手づくりだからこのくらいの数量しかつくれないだとか……あれこれと価格の根拠を語っています。

理由は簡単。

高いと説明なしでは売れないから。

しかし、安価な商品ほど丁寧に説明すべきだと思うのです。

某格安航空会社はホームページなどを通して「食事を出さない」「飲み物は一部を除いて有

料」「座席の間隔は狭い」など〝低価格の理由〟を発信しています。

「サービスが限られていることを理解したうえで乗ってください」というわけです。

こうした情報発信が不足すると、そんなはずではなかったとトラブルが起こります。

最近では格安スマホが話題になりました。

ＳＩＭフリー端末は従来の端末と比べて格安ですが、受けられるサービスは限られています。

しかし、その情報が消費者に十分届いていないとして、国民生活センターが注意喚起するに至りました。

インターネット通販では「ワケアリ」の格安商品が流行っています。

カステラやケーキの端っこ、割れたおせんべい、旧型モデルの家電製品など、安値の理由がわかりやすい商品もありますが、そうではないものもあります。

理由が書いていないワケアリ商品や、パッケージを変えて元々の値段をわかりにくくした格安商品もありました。

消費者はバカではありません。意味なく値段が安いものは怪しいと思うし、怪しい商品を扱っているお店も怪しいと思うようになります。

本質の思考法 25

人は安いものを怪しいと感じる

一年中「閉店セール」を実施しているお店も怪しいし、「初回のみ脱毛〇〇円」を前面に打ち出しているエステにも不安を感じます。

値段が安いぶん脱毛できる量が少ないことは理解できるのですが、延々と勧誘されたり10回分のチケットを買わされたり、裏があるのではと考えてしまうのです。

伝えるべきは安い理由です。ワケアリ商品ならば、その理由（わけ）を明記する。

エステのような事例であれば「初回のみ〇〇円。勧誘は一切いたしません」と約束をする。

消費者は値段で得をするぶん、何かしらの我慢や不利益が生じるのは致し方なしと受け止めていますから、安い理由を明記すれば納得して買うことができます。買わないという判断もできます。

そのために必要な情報を提供することが、あなたの信頼につながるのです。

憧れの人はいらない

心理学用語で、真似ることから学ぶことを「モデリング」と言います。人間の成長には必要な手法で、たとえば習字やスポーツなどを習得するときには誰もが自然と実践しています。

ビジネスの世界でも真似を奨励するような傾向が強いです。私はこれに腹が立って仕方ありません。どんなにがんばっても真似は真似。**真似た対象を超えることはできません。**

ことビジネスにおいて、私は真似しようと考えたことは一度もありません。

そもそも、あなたにピッタリと完璧にフィットする方法なんてあり得ません。

誰かが成功した手法を見聞きしても、あなたとその誰かは違うのですから、そのまま実践してもうまくいきません。

肝心なのは、まずは自分のやり方で自分のスタイルを模索すること、つくることです。

つたなくてもいい、ヨチヨチ歩きでいいから、自分のスタイルをつくって、それを強くするために初めて真似や模倣を取り入れるのです。順序が違うのです。

いいものを取り入れることはいいと思います。でもファッションや話し方などの表層を真似ることに意味はありません。スティーブ・ジョブズに憧れて、黒いニットとジーンズを着たところで、アップル社を創ることはできません。

世界に同じ人は2人いりません。あくまであなたはあなた。唯一の存在です。

真似る相手を探してさまよい歩き、誰を真似していいのかわからなくなり、混乱し、何から手をつけていいかわからず混沌《こんとん》の日々を過ごすくらいなら、人から真似される人になることを志向しましょう。自分らしさを大切にしましょう。

本質の思考法 26 真似される側の人間になれ

結論は最初に言うか、最後に言うか……どっち？

「最初に結論から言え！」と「結論は最初に言うな！」は、どちらが正しいと思いますか？

じつは、どちらも正しいです。でもその理由は最初に言いません。あとで説明しましょう。

ビジネスシーンでは「最初に結論を言え」のほうが一般的かもしれません。

たとえば上司に営業結果を求められたとき、個人的な憶測や主観的な感想などを交えずに、純粋に数字だけを報告せよと言われることがあります。また、イエス・ノーで返答できる質問に対しても同様で、前置きが嫌われる傾向にあります。

しかし、最初に結論を言うことで、伝えるべきことが言えないケースもあります。

発注元に対して予定通りに成果物を納品できないことを報告する場合、「納品できません」と最初に言ったとしたら、そのあとは分が悪くなることが目に見えています。

予定通りに納品できなかった理由が発注元の担当者のせいだとしたら、それをやんわりと告げないとこちらが悪いことになりますし、以後、同様のことが続く可能性は高い。どこかでその芽を摘まないといけません。ですから、どう伝えるか注意を払う必要があります。

ほら、こう考えると、冒頭の2つのセリフはどちらも正しいでしょう。

ここで考えるべきは「結論をどういう順番で言うか」ではありません。

「結論とは何か」なのです。

私は結論とは「相手がそのとき、もっとも強く欲している情報」だと思います。

前者の事例は、上司が欲しているのが営業結果なので、数字を端的に報告するのが正解。

後半の事例の場合、発注元が知りたい情報は納品できないという事実ではなく、その原因であり、打開策や代替案です。

「結論」が何を指しているのかを取り違えると、コミュニケーションがうまくいきません。

わかりやすい事例をひとつご紹介しましょう。

私がカメラ屋さんに修理を依頼しに行ったときのこと。修理担当者はフタを開けて「これは直りませんね」と言ったのですが、私は納得できませんでした。過去にも似たような経験があり、部品を交換したら、また使えるようになったからです。

「以前は直してくれましたよ」

「これは無理ですね」

「新しい部品にすれば、いいのでは？」

「ええ、部品は交換できます。でも、直りません」

「はあ……」

私は部品ではなく「カメラが直るかどうか」を知りたいのに、修理担当者はずっと部品が直るかどうかを話していたわけです。相手が欲しがっている情報こそ、価値があります。

「結論」の取り違えには十分ご注意ください。

本質の思考法
27

「結論をいつ言うか」ではなく「結論は何か」で考える

郵便はがき

162-0816

恐れ入ります
切手を
お貼りください

東京都新宿区白銀町１番１３号

きずな出版 編集部 行

フリガナ

お名前　　　　　　　　　　男性／女性
　　　　　　　　　　　　　未婚／既婚

(〒　　　-　　　)

ご住所

ご職業

年齢　　10代　20代　30代　40代　50代　60代　70代〜

E-mail

※きずな出版からのお知らせをご希望の方は是非ご記入ください。

愛読者カード

ご購読ありがとうございます。今後の出版企画の参考とさせていただきますので、アンケートにご協力をお願いいたします（きずな出版サイトでも受付中です）。

[1] ご購入いただいた本のタイトル

[2] この本をどこでお知りになりましたか？
1. 書店の店頭　2. 紹介記事（媒体名：　）
3. 広告（新聞／雑誌／インターネット：媒体名　）
4. 友人・知人からの勧め　5.その他（　）

[3] どちらの書店でお買い求めいただきましたか？

[4] ご購入いただいた動機をお聞かせください。
1. 著者が好きだから　2. タイトルに惹かれたから
3. 装丁がよかったから　4. 興味のある内容だから
5. 友人・知人に勧められたから
6. 広告を見て気になったから
（新聞／雑誌／インターネット：媒体名　）

[5] 最近、読んでおもしろかった本をお聞かせください。

[6] 今後、読んでみたい本の著者やテーマがあればお聞かせください。

[7] 本書をお読みになったご意見、ご感想をお聞かせください。
（お寄せいただいたご感想は、新聞広告や紹介記事等で使わせていただく場合がございます）

ご協力ありがとうございました。

きずな出版　URL http://www.kizuna-pub.jp　E-mail 39@kizuna-pub.jp

Chapter 4

尖った
スキルで、
突破せよ!

3ステップ伝達術

人前で話をするときに効果的な3ステップがあります。

（1）**これから何を話すかを話す**
（2）**話す**
（3）**最後に何を話したかを話す**

たったこれだけです。

講演やプレゼンテーションの冒頭に、

「本日はこのテーマで話します」

「こういう流れで話します」

という前置きを話すのを聞いたことがあると思います。

これを言われると、聞き手は「この話があるんだな」と心構えができます。つまり、軽い準備運動のようなものです。

そのあと、本論。前置きした話題をきちんと話します。

そして最後に「本日はこういう話題について話しましたが……」と講演内容やプレゼンテーションのポイントをおさらいする。

少々長い講演で聞き手の集中力が途切れていても、締めくくりに振り返ることで、大事なメッセージがインプットされやすくなります。

私は勝手に〝ファイナルフレーズ〟と名づけていますが、人は最後に耳にした言葉は忘れにくいもの。要は印象を支配するのです。

デートの際に別れ際に発した言葉が、その日の印象を決めてしまうがごとく……です。

3ステップの手法だと合計3回同じ話をすることになりますが、1回しか言わない場合やダラダラと繰り返す場合と比べて、聞き手の理解度は格段に向上します。

ポイントは3回繰り返すこと。**人間にとって「3」は非常に親和性が高い数字です。**「日本三大○○」とか「三三七拍子」とか「三人寄れば何とか……」とか。3が組み込まれたフレーズは枚挙にいとまがありません。

講演やプレゼンテーション以外でも、この3ステップを意識することで、伝えたいことが伝わるようになります。

もちろんプライベートでも使えます。ただし、あまりやりすぎると「くどい！」と言われる可能性がありますので、そこはほどほどに、さりげなく。

大事なときにこそ、ビシッと3ステップで決めましょう。

本質の思考法 28

3回繰り返して、理解度を格段に上げる

語《ご》彙《い》力《りょく》で人生を豊かにしよう

何かを伝えるとき、多様な表現手段を持っているほうが相手に伝わりやすくなります。たとえば、12色セットの色鉛筆で夕焼けを描くなら赤色や橙《だいだい》色を使うでしょうが、数百色のセットがあれば、赤系の色だけでも臙脂《えんじ》色や緋色、紅色、朱色など、微妙に色合いの異なる色鉛筆があるので、より再現性の高いイラストが描けそうです。

言葉で表現する場合も同様で、いろいろな言葉を知っているほうがより適切なイメージを表すことができます。

目の前の夕焼けを「赤色」と言うか、それとも「茜色」や「紅掛空色《べにかけそら》」と言うのか、どの言葉を選ぶかで受ける印象はまったく変わります。

赤色と言われたら、空一面が赤色に染まっている様子を思い浮かべることでしょう。茜色も空一面が染まったイメージですが、赤色よりは抒情的《じょじょうてき》な雰囲気が感じられるのではないかと思います。また紅掛空色はうっすら紅色が重なった空色を指し、夕暮れの中でも夜に近い空の色ですから、この表現を知っていれば、たったひと言で色彩だけでなく時間帯も含めて伝えることができます。

私が大好きな東京は新宿の居酒屋「樽一」。豊富な日本酒とすばらしい料理の宝庫です。富山湾を「天然の生け簀《す》」と呼ぶなら、樽一は「魔法の厨房」です。この店のお酒案内人が三浦店長。日本でも数少ない酒匠《さかしょう》の資格を持つ凄腕です。三浦店長に「○○に合うお酒をください」とお願いすると、見事にその料理にピッタリのお酒を提供してくれるのです。

どうしてそんなことができるのかとよくよく考えてみると……あることに気づきました。

それは、たくさんの種類のお酒を揃えてあるから……つまりは「仕入れ」です。

圧倒的な仕入れ力が、この提案力を支えているのです。

そう、お酒自体のバリエーションが少なければ、いくら知識があってもそれは絵に描いた餅。

料理に合うお酒を出すことはできません。

つまるところ、仕入れこそが提案の源なのです。種類の豊富な料理に合うだけのお酒のバリエーションと、それをつなぐ知識。それが揃っていなければ成立しないわけです。

これは、じつはコピーライティングも同じです。

いくらテーマ設定が見事で、いくらいいコピーを書こうとしても……言葉の仕入れが少なくて言葉のバリエーションが少なければ、どうやってもいいコピーは書けません。

私が大尊敬している天才作詞家の故・阿久悠さんが生前、こんな言葉を残しています。

たくさんの言葉を持っていると
自分の思うことを
充分に伝えられます
たくさんの言葉を持っていると
相手の考えることを
正確に理解出来ます

――阿久悠著『生きっぱなしの記』（日本経済新聞社）より

これがまさに本質。四の五の言わずに、言葉をたくさんインプット＝仕入れること。余計なことを考えず、まずは愚直に身につけてみること。これが重要です。そのインプットした中から、表現というのは生まれてくるのです。あなたは日々、言葉を仕入れていますか？　ときには、立ち止まって考えてみるのもいいかもしれません。

たくさんの言葉を知っていると、自分が抱いたイメージに合った言葉を選ぶことができます。私は言葉を扱う仕事をしているので、普段から「いいな」と思った言葉をストックするようにしています。言葉のコレクションが多いほど選択肢が増えて、多彩な表現が可能になるからです。コレクションを増やすためには、ひたすらインプットする必要があり、それには読書は有効な手段です。

本質の思考法 29

言葉は仕入れるものである

「焼きタケノコ」と「タケノコのステーキ」では、どちらが魅力的か?

言葉の言い換えは、誰でも自然とやっているものです。

小さな子どもと話すとき「わんわん」「にゃんにゃん」「ブーブー」と言うはずです。いわゆる赤ちゃん言葉のほうが、赤ちゃん=ターゲットには伝わりやすいと思うからです。

それとは反対に、伝わりにくくするために言い換えることもあります。

たとえばNHKは公共放送の性質上、特定のメーカーの宣伝につながるような行為はできませんので、商品名を一般名詞に変換します。過去には山口百恵さんが歌詞の「ポルシェ」を「クルマ」に置き換えて歌ったことがありました。

言葉の言い換えは、伝えるという行為の強烈な支援者ですから、ビジネスシーンで活用しない手はありません。

先出の新宿の居酒屋「樽一」では春先になると、直径20センチ、厚さ4センチほどもある大きなタケノコを丁寧に下処理して、山椒《さんしょう》の風味を効かせた焼きタケノコを提供しています。たしかに焼いたタケノコなのですが、単に「焼きタケノコ」と呼んだのでは、他店でお目にかかれないような大ぶりのタケノコであることが伝わりません。**焼きタケノコは誰にでも通じる無難な単語だけに、特別感やワクワク感といったものが生まれないのです。**

そこで樽一では「タケノコのステーキ」という名前をつけました。

メニューに書いてあったら、まずは「何これ？」と思いますよね。普通の焼きタケノコとは違う料理だろうという期待感が湧いてきます。しかもステーキという単語には「大ぶりな塊《かたまり》」「お腹にたまる」といった雰囲気が漂うので、どんなタケノコ料理なのか想像が膨らんで、「よし頼んでみよう！」という気持ちになるのではないでしょうか。

商品名やサービス名を言い換えることで、売れ行きは大きく変わります。

もちろん奇抜にすればいいというわけではありません。その商品やサービスが持つ魅力が伝

本質の思考法
30

コミュニケーションは「言い換え」でうまくいく

わる言葉を選ぶ必要があります。語彙力が豊富であれば、チョイスできる単語も増えますから、よりいい言い換えを考えることができるでしょう。

言い換えは普段の会話でも必要です。

樽一のタケノコのステーキを薦められるとして、「厚切りのタケノコを焼いた料理です」と言われたら「食べたい!」と思いますか?

「どかんと分厚いけれど、柔らかくてジューシーで、ステーキみたいな焼きタケノコなんですよ」と言われるほうが、食指が動きますよね。

「一緒に食べに行きませんか」と誘われるなら、断然、後者のほうがグッとくるわけです。つまり成功率が上がる。

上手に言い換えることができれば、人の心を動かすこともできるのです。

ビジネスにアイコンタクトなどありません

ひとりで完結するビジネスは稀で、誰かと関わりながら進めていくのが一般的です。私も原稿を書くときはひとりですが、編集者との関わりはとても大切です。どのような書籍にするか、企画の打ち合わせから始まって、取材の段取りや原稿整理、編集作業、校正や事実確認などなど、書籍は編集者との二人三脚でつくり上げていきます。

もちろん本が完成したあとの販売促進、拡大戦略などは営業部・販売部などのスタッフと詰めていきます。**私たちは見えない場所で必ず誰かとつながっている、これは疑いようのない事実です。**そしてあなたも同じはずです。

ほかの誰かと協力しながら進める共同作業は、お互いが自分の思っていることをきちんと伝えないとうまくいきません。これは書籍に限らず、すべてのビジネスに共通することですし、相手が取引先だろうが社内の人間だろうが万事に言えることです。

「全部言わなくてもわかってくれるだろう」

「きっと伝わっているはず」

そんな思い込みは厳禁です。

ビジネスにアイコンタクトなどあり得ません。

スポーツでアイコンタクトが成立するような言い方をしますが、それは長い時間一緒に練習し、山のようなケーススタディから、相手が次はこう動くというデータベースがあり、そこへアクセスしているからできること。

目と目で通じ合うなどという〝オカルト〟はあり得ないのです。

仮にそれを信じてやってみたとしても、その先に待ち受けているのは失敗です。

そんなリスク、あなたは負えますか?

自分の意思を表明することなく、相手の意思も確認しなければ、たくさんの勘違いやムダが生じます。しかもやっかいなことに、ありきたりの言葉だけではすべてが伝わりません。

先ほど語彙力の項でもお話ししましたが、いかにこまかなニュアンスや微妙な中身を伝えきるか？　そこが何よりも重要です。

それができていないと「こういうつもりで言ったんじゃないのに……」なんてことが日常的に起きます。どんなに親しい間柄であっても意図した通りに伝わるとは限らないのです。

自分の考えを相手に伝えることは難しいという前提に立ち、まずは言葉で伝える努力をしましょう。そう……言わないことは聞こえないのです。

ひとつの言葉、一行の文章でもいろいろな解釈ができますから、ビジネスでは曖昧さを排除し、的確に伝えることを重視します。そして、意図したことが伝わっているのかどうかを確認すること。こうした正確なパスを重ねることで、コミュニケーションは円滑になります。

本質の思考法 31

言わないことは聞こえない

安易な見積書の発行は命取りです

知り合いの、とても優秀な社長の話です。彼は普段、さほど仕事をしているようには見えません。会社にはあまりいないみたいだけれど、趣味やプライベートのつき合いは充実していて、これで会社は大丈夫なのかと心配になったものです。しかし会社の経営は順調でした。

なぜなら彼は、請求書と見積書のチェックだけは責任をもって自分でしていたからです。

「お金の出入りを押さえておけば、ほかのことは優秀な社員がいるから大丈夫」

事実、彼はその言葉通りの経営を実践していました。

とりわけ重要なのは見積書です。

見積書は受託する仕事の中身そのものを規定するものであり、収支を左右する生命線です。間違っても「とりあえず」の内容で計算してはいけません。見積書はその会社の仕事をもっとも熟知している人しかつくれませんし、そんな実力者が責任をもって発行すべきものなのです。

私は企業からリサーチの仕事を受けることがあります。

「こういう調査を実施したいんだけど、200人にアンケートした場合、500人の場合、2000人の場合と、3パターンの見積もりをちょうだい」というような依頼が入ります。

500人までは自前の調査員でできますが、2000人となると外部協力なくしては不可能ですから、今度は私が複数の企業に見積もりを依頼することになります。

見積書はご存じの通り、フォーマットや算出基準=諸元に決まりがありません。

企業ごとに費目の設定や用語の使い方、単価の設定が違うので、集まった見積書を並べても意味がありません。それぞれの見積書を精査し、統一のフォーマットで統一基準の一覧表にしなければ比較にならないのです。

この仕事と、やりとりは地味に負荷が大きく、正直面倒。下手すると丸一日がつぶれてしまいます。加えて、どんなに苦労して見積書を作成しても案件を受託できるとは限りません。

本質の思考法
32

見積もりは有料にしてしまえ

何らかの原因があって失注するなら致し方ないのですが、クライアントのちょっとした都合や社内力学で調査案件そのものが消滅することもあります。

そうなると丸一日が「なかったこと」になるわけです。

依頼するほうは軽いノリで「とりあえず見積書をください」と言いますが、受けるほうは安易に引き受けるべきではないと思いました。

そこで私は独立直後、ホームページに「見積もり有料」を打ち出しました。

有料になると「とりあえず」レベルの見積もり依頼は入ってこなくなります。

「生意気なこと言っているんじゃないよ!」と言われたこともありましたが、他方「いや、その考え方・覚悟にほれた! 確実に発注するから、見積もりをください! そのぶんは請求に入れてもらって構わないから……」という言葉をかけてもらったケースもあります。

こんなふうに、見積もり有料の打ち出しはフィルターとして非常に効果がありました。

見積書は請求書と同じと心得よ！

見積書を適正価格で作成しても、毎回その通りにいくとは限りません。

仲のいい取引先から「１２０万円で見積もりをもらったけど、今回は１００万円までしか出せないんだ。何とかならないかな」と相談されるケースもあります。

不当な値下げには応ずる必要はありませんが、お世話になっている相手や取引実績のある大切な方から「今回限り」と頼まれたときは、私はできる限り対応するようにしています。

その場合は見積書をあらためて作成するわけですが、相手の指示通りの額面に書き換えてはいけません。なぜなら、１００万円はあなたの適正価格ではないからです。

本質の思考法 33

「今回だけは特別値引き」をしっかりと明記すべし

いったん100万円の見積書を出せば、それがあなたの適正価格であり、定価だと思われる可能性があります。値下げの経緯を知らない他部署の人が「この仕事は100万円でできるんですよね」と発注してきたりします。**ひとたび既成事実となった価格をもとの120万円に戻せば、相手の目には値上げに映りますから、到底受け入れてはもらえないでしょう。**

そうならないために、見積書には本来の適正価格を明記しておく必要があります。「定価はあくまで120万円ですが、特別キャンペーンで20万円を値引きするので、今回に限って100万円でお引き受けします」という具合です。

正式に作成された見積書は、商取引上、請求書と同じ効力を持ちます。だから必ずつくって送っておく。相手が「いらない、不要!」と言っても送る。それが大事です。

お金のことは行き違いがあると大問題に発展します。少しでもシコリが残れば、後々の仕事に支障が出ますから、主張すべきところはきちんと主張しましょう。

世界が広がる「セカンドオピニオン読書術」

医療の世界では一般化しつつあるセカンドオピニオン。医師の診断や治療の方向性が妥当なのかを評価するために、別の医師に意見を聞くというものです。

あらゆる物事には多面性があり、違う角度から見ると価値観が逆転することもあります。天下分け目の関ヶ原の戦いも、東軍の立場から見るか西軍の立場から見るかで、その解釈は大きく変わります。東西双方の事情を知るほうが、より深く関ヶ原の本質に迫ることができるはずです。

あの桃太郎だって、正義の味方で英雄か、はたまた侵略者か？　という議論があるくらいです。ですから、何か気になるテーマがあったら複数の本から多様な視点を取り入れる「セカンドオピニオン読書術」をお勧めします。

私はミステリ小説を読んだことでピラミッドに関心が湧き、何十冊も関連本を読んだことがあります。ピラミッドは世界中の研究者が研究に携わっていますが、いまだに未知の領域が多いテーマです。たったひとつの調度品に対しても多様な解釈が存在し、なかなか決定打が出てこないのが実情です。

本を読むほどにピラミッドへの理解が深まる反面、謎や疑問も膨らんでいくのです。やがて私なりの世界観が形成され「これはこういうことではないか?」といった独自の解釈を考えられるまでになりました。

いまでは専門家と対話ができるくらいの知識があると自負しています。

物事には右からの見方もあれば左からの見方もある。光もあれば影もある。

だからこそ、ひとつのテーマに対してひとつの方向からだけの本を読むのではなく、いろいろな見方を体感してほしいのです。それをすることによって、バランスの取れた偏りのない判断ができるようになっていきます。

本質の思考法
34

ひとつの物事をあらゆる角度から見る

私自身、あるセールスプロモーションの企画を考えるときに、メーカーから提示された商品の特徴について「こっちの角度から見たほうがおもしろいですよね？」というまったく違った角度の視点で提案し、高額の受注を果たしたことがありました。

「面白い視点ですね！」とメーカーの担当者からは褒められましたが、私にとっては当たり前のこと。「一方向からしか見えていないメーカーのほうがおかしいのでは？」と思える出来事でした。

これもセカンドオピニオンをいつも意識することで体得した発想法です。

ビジネスはオセロに学べ!

物事には万事、優先順位があります。

目の前にたくさんやるべき仕事があるとして、どれから着手しますか。

「どれからでも結果は同じでしょ」と思っていないでしょうか?

よく考えてみましょう。順番は非常に重要です。

ある一手を打つことで一気に事態が好転し、ほかのことは全然実行しなくても望む結果が得られるかもしれないのです。

勝利を手繰《たぐ》り寄せる一手という意味では、オセロに似ています。

一見すると劣勢のようでも、パシッと四隅を取ったらパタパタパタと石がひっくり返っていって、形勢逆転して大勝利を収めるイメージです。

これと同じことが、ゲアリー・ケラー／ジェイ・パパザン著『ワン・シング』（SBクリエイティブ）にも書いてあり、「常になすべきことはひとつだ、その一点突破に集中せよ」と提案しています。

要は、たったひとつのことを実現することで、ほかのことをしなくてもよくなるキーポイントがあるということなのです。

これを具体的に説明しましょう。

インターネット通販事業を始めるとします。

もちろん商売をする以上は成功したいでしょう。

だからと言って「いいものをつくれば売れるはずだから、売るものをつくるところから始めよう」などと考えますか？　考えませんよね。いいものをつくれば売れるなんて幻想ですし、売れる良品が欲しいなら、仕入れるという選択もあります。

インターネット通販事業の成否を分かつのは「顧客リスト」です。

いかにして買ってくれそうな見込み顧客にリーチするのか。

5000人にアプローチして1000万円を稼げるとしたら、1万人の顧客リストがあれば2000万円を稼げます。

ネット通販はある程度まで比例関係で売上を見込むことができます。

だから、見込み顧客リストが大事なのです。

それをどうやって入手するのか?

たとえばリストを持っている人と協業するのもいいでしょう。

やみくもに手を出しても結果は出ません。やっていることの大半が徒労に終わります。

もっと簡単で、でも抜群の効果がある一手とは何だろう? 万事において、そういう視点を持って物事に向き合ってください。

本質の思考法 35

一気にひっくり返す一手は、必ずある

ラスト1ミリの手間が、成否を分ける

知り合いのお医者さんと有名レストランに行ったときのこと。

「ぜひとも中山さんをお連れしたいと思っていたんです」と気合たっぷりに誘っていただきましたから、いろいろと準備やお店とのやりとりをしてくださったのでしょう。

予約席に通されると、テーブルには私の名前入りで「歓迎」のメッセージカードが置かれ、ネットからダウンロードした私の著書の表紙コピーが飾られていました。

食事中は代わるがわるスタッフがテーブルのそばにきて、料理や飲み物の説明をしながら、「ベストセラー作家さんだそうですね」などと会話を交わしました。

食事も会計も済ませてお店を出ようというタイミングで、お店のスタッフから「本日はありがとうございました。お楽しみいただけましたか?」と笑顔で声をかけられました。

この日、私は招待された側です。会計も知人に任せています。

どうしようか迷いましたが、率直に感想を伝えることにしました。

「いえ、さほど楽しめませんでした。何人ものスタッフが私たちのテーブルに来てくれましたが、誰も私の本を読んでくれていませんでしたよね? 本音を言えば、表紙のカラーコピーを飾るよりも、誰かひとりでも『この本を読みました』『この話が面白かったです』と言ってくれていたら、どれほど気持ちがよかったか……」

本当のおもてなしとは、そういうものだと思うのです。

何をすればお客さまが心底、喜んでくれるか? そこに肉薄することです。

もしもテーブルの飾りつけがなかったら、ここまで言わなかったと思います。

知人がレストランに「中山マコトさんという、何冊もベストセラーを書いている作家さんをお連れする」と伝えていたことは、テーブルの飾りに表れていました。

でもレストランの対応はほんの表層に過ぎず、心のこもったおもてなしとは呼べません。

このお店は私を楽しませられなかっただけでなく、おそらく何度も通っているであろう、その知人にも、つまらない思いをさせてしまったわけです。

その反対にお客さまの心をつかむことに成功したお店の話をしましょう。

たまたま飲みに行った居酒屋さんが気に入り、二度目に訪問したときのこと。

お店に入るや、店長が「お客さまのブログを拝見し、今夜あたりお越しになられるのではと思っていました！」と笑顔で迎えてくれて大感激。お店の常連になりました。

このご時世、お客さまとネットやＳＮＳでつながることはめずらしくありません。ブログを読むことも、それほどの労力ではないはずです。

そのちょっとの努力や工夫を惜しまないところに感動が生まれるのです。

本質の思考法 36

見た目ではなく、相手に近づく努力をしよう

Chapter 5

あなたが、唯一無二になれ！

「日本で唯一！」を名乗れますか？

とても大事なことを話します。

私は、本気で挑もうとしている人が、キャッチフレーズやオリジナルの肩書きをつけたいと言う場合、必ずこう伝えます。

「まずはアタマに、『日本で唯一の！』とつけてください……」と。

これを言うと相手はだいたいポカンとします。そして「そんなの無理ですよ！」と言います。

これはある意味、踏み絵であり、リトマス試験紙のようなものです。

これからその肩書きで生きていこうとするのに「唯一」を名乗る自信がないようであれば、

それはおそらく無理です。成功なんて、おぼつきません。

理由は簡単。

同じようなことを名乗っている人がたくさんいるからです。

独自性もなければ尖ってもいない。そんな人に誰がお金を出して依頼するでしょうか。

日本で唯一を名乗ろうとするなら、本当に唯一でなくてはならない。そんじょそこらで出会えるものではいけない。簡単に出会えるとしたら詐欺です。

仮に私の場合で話をすると「日本で唯一のマーケティングプランナー」では詐欺です。マーケティングプランナーなんて星の数ほどいるからです。しかし、ここで「日本で唯一のキキダス・マーケティング実践者」となれば、これはもう唯一です。そもそも「キキダス・マーケティング」という言葉を使っているのが私だけだからです。

私はよく「資格をそのまま名乗るな」と言いますが、その意味もここにあります。

資格をそのまま名乗った瞬間に、唯一ではなくなるからです。

同じ資格を持った人の群れの中に飛び込んでいくわけですから、これは大変です。

しかも同じ資格ホルダーは日々、製造されて生まれてきます。「ライバル製造工場」が毎日稼働しているわけです。これではそう簡単に勝てるわけがありません。

肩書きも同様です。

「○○コンサルタント」

「○○コーチ」

「○○プロデューサー」

「○○専門家」

……名乗るのはいいですが、そのアタマに「日本で唯一の」という冠《かんむり》を載せて、人に言えますか?

こう考えると「日本で唯一の」と名乗るためには、絞り込み、研ぎ澄まし、狙い澄ます必要があります。生半可で中途半端な覚悟では名乗れるはずもありません。

もう一度言います。「日本で唯一」を名乗るには、本気の覚悟がいるのです。

本質の思考法 37

絞り込み、研ぎ澄ませ!

クライアントに呼ばれても行くな!

得意先から「とりあえず、いまから来て」と言われたら、どうしますか?

そういうとき言われた通りにすぐに行ってはダメです。

もちろん、すぐに対応しなければいけないケースも多々あります。しかし、ここでお話ししたいのは〝仕事が欲しいために、何も考えずに飛んでいく〟という条件反射的な、後先考えない行動が、いつものことになっている場合の話です。

クライアントに言われるがままに動くことは、主従関係を生み出します。

その関係ができあがると、そのクライアントの担当者にとっては既得権=それが当然のことになってしまいます。

受発注の関係は主従ではありません。

クライアントは、何かを成すために必要な技術や知識や人手が足りないから、あなたに仕事を依頼しています。両者が協力し合って初めて仕事が成り立つのですから、両者は対等です。「来て」と言われて行かないからといって、取引を打ち切るような相手とは仕事を続ける必要がありません。

「中山さん、普通はそんな強気に出られませんよ……」

という声が聞こえてきそうです。

私が会社員だったころ、取引先から理不尽な要求を突きつけられて、社長に相談せずにその取引を断ったことがあります。

会社に戻ると「おい中山、なんてことをしてくれたんだ！」と大騒ぎです。

でも決して間違っていないと思っていたので、社長にも「こういう対応をされましたので、断りました」と堂々と伝えましたし、社内では合意を得られました。

結局、その相手からは二度と連絡も来ませんでした。

そもそも、この相手は歴代の担当者に理不尽な対応を強《し》いてきた、ある種の札付きクライアントだったのです。どこかで誰かが断ち切らなくてはいけなかったし、まだ新人・若造の私しかできないことでもあったのだろうと思います。当時は失うものはなかったですから。

それよりも勤め先での評価のほうが重要だと思っていました。

結果、ちょっとした騒ぎになったとしても、筋はきちんと通すのが私の生き方です。

ホームページにコトの顛末《てんまつ》を書いたところ「中山さん、面白いね」と仕事を発注してくれる人が現れました。見ている人は見てくれているものです。その人とはいまでも大親友です。

それよりもさらに昔、マーケティング会社の社員だったころ。世間的には「小僧」と呼ばれるくらいの若手だったころです。

取引先の局長が会社を辞めて独立し、私に仕事を発注したいと声をかけてくれました。局長とは定例の合同会議で何度も顔を合わせていました。

商談しながら、徐々に当時の話になり、

「いまだから言えるけれど、あの会議に出ていたメンバーからは『中山を殴ってやりたい』『あいつ絶対許さない！』なんて言われていたんだよ。当時よりは少し大人になったみたいだけど、本質的なところは変わってないね」

と言われました。

自分としては普通にしていたつもりなので驚きました。

局長によると当時の私は、相手の発言に対し〝こいつバカじゃないの？〟とか〝あ〜つまらない〟という表情をしていたらしいのです。まったく自覚がありませんし、もはや苦笑するしかありませんが、それも〝らしい〟一面だと、いまは思えます。

見ている局長はハラハラしたときもあったと思いますが、独立後に仕事を発注するくらい私のことを評価してくれていました。大変ありがたいことです。

見る人は見ているし、わかってくれる人はわかってくれるものです。自分の生き方を貫くか、得意先ファーストで動くか。あなたなら、どちらを選びますか？

本質の思考法 38

あなたとお客さまは、対等である

第一印象は無視せよ

第一印象。大事ですよね。

人間は五感が発達しているので、一度話すと、人となりがわかったような気がしてきます。

しかしその印象が正しいとは限りません。

人は見かけによらないもの。猫をかぶることもできるからです。

相手の人となりを見誤った場合、プライベートならともかく、仕事では損得が発生します。

すでに発注や契約を交わしていたら取り消すのは容易ではないので、嫌な相手と延々と取引しなければならなくなります。そんな不毛なビジネスは避けたいですから、つき合いたくない相手とは初めからつき合わないほうがいいのです。

ビジネスでつき合うかどうか、私は少なくとも3回会ってから決めます。

3回会えば、いろいろな側面が見えてきます。

少々猫をかぶっていたところで、隙間からホンネが覗いたりもします。

第一印象が最悪な相手でも「思っていたよりもずっといい人だった!」となって、長いつき合いになることもありますし、「3回会っても、やっぱりダメだ」ということもあります。

昔は人の見極めがここまで面倒ではありませんでした。たいして裏表もなく、見たままの人が多かったように思います。

しかし社会の在り様が変化してきたことで、ひとりの人間に紐《ひも》づく情報が莫大になり、シンプルに生きることが難しい時代になりました。 自分の置かれた立場や、つき合うメンバーによって、キャラクターを演じ分ける人はめずらしくありません。

面倒な時代ではありますが、それを逆手にとってビジネスでつき合うべき相手かどうかはSNSやインターネットを活用して調べるようにしましょう。

たとえば、年商1億円の社長と知り合ったとしましょう。

本質の思考法
39
出会って3回目で、判断しよう

大きなビジョンを語り、自信に満ち溢れて、素敵な人だとしても、ビジネスパートナーとしてふさわしいかどうかはわかりません。年商は1億円でも利益が出ていなくて経営は火の車という会社は意外にも多いです。売上2億円、借金4億円、毎年の経常利益はマイナス……こんな会社がゴロゴロあるのです。

そしてそうした事実は第一印象では見えてこないものです、だから要注意。

ちなみに、**社長ブログのチェックもおすすめ**です。

実際ブログで顧客や部下を見下す発言をして炎上した社長もいます。

こういうところで馬脚を現すケースはめずらしくありません。

将来痛い思いをしないために、つき合うべき相手かどうかを見極めましょう。

それが未来の自分を守ることにつながるのです。

仕事をするかどうかは、試験結果を見てから決めよう

「中山さん、コピーライターの仕事を回してくださいよ」

私のところにそう言って売り込みに来る人がいます。

コピーライターと一口に言っても、いろいろなタイプがあり、スキルにも差があります。どの程度の実力の持ち主か、その確認プロセスは新入社員の面接と似ています。

「いままでどういう仕事をしてきましたか？」

「指示されたことを書いてきただけですか？　戦略も含めた提案はやったことありますか？」

「どんな仕事の、どの部分を担当したのですか？」

そんなことをひと通り聞いて、

「これからの1時間で、自分なりに考えてストーリーとコピーをつくってみてください」

このように仮のテーマを与えます。

1時間後に仕上がった作品を見れば一目瞭然。

口ではいろいろと言えても、試験をすると実力がはっきりします。

テーマを与えられてコピーを書いてきたのと、テーマ自体を自分で見つけて書いてきたのとでは、天と地ほどの違いがあるのです。

この手法はクリエイティブだけでなく営業職にも適用します。

新規顧客開拓の経験があると言う人には「あなたが当社に飛び込みで営業に来たとしたら、どういうふうに話を進めますか?」と尋ねます。急に言われると言葉に詰まる人も多いですが、なかには抜群のセンスを発揮する人もいます。

ちょっとだけ昔話をしましょう。

ある大手食品メーカーが、最大手スーパーマーケットの調味料売り場の写真を欲しがっていました。新商品の売上は棚の占有率に左右されるとあって、メーカーも対策を検討するのに必死です。しかし店舗にとっては陳列棚＝棚割りが最高機密ですから、店内の写真撮影を許可するわけがありません。メーカーは調査会社や代理店などに片っ端から相談しましたが、どの会社もできないと断ってきました。

困り果てたメーカー担当者は私のところに、最後の手段、駆け込み寺とばかりに相談に来ました。私は伝手《つて》を通じてすぐに何社か当たってみたのですが、結果、面白そうな2社が現れました。で、お目にかかって「こういう仕事はできますか？」と聞いたら、あっさり「できますよ」と答えました。

多くの会社が断ってきた案件です。どんな秘策なのか気になりますよね。

「本当にできるの？」

「できますよ」

「どうやって？」

「うーん。そこは自分のノウハウなので。中山さんには話してもいいですけど、話す以上は必ず発注すると約束してくれますか？」

もちろん発注を約束しました。実際に彼がどんな方法を考えていたかは内緒ですが、その方法で見事写真撮影に成功したのです。

似たような話はほかにもあって、**本当に実力のある人、ほかとは違うユニークな発想ができる人はたしかにいます。ただ履歴書を眺めているだけでは、そういうスキルを持つ人材を発掘することはできないでしょう。**

実際に会ってテストしてみてわかるのです。

これはプライベートでは誰でもやっていることだと思います。

履歴書を見て恋人を決めたりはしませんよね。お見合いでさえも、釣り書きと見合い写真だけで結婚を決める人はいません。実際に会って話してみて、相手の人となりをおぼろげにでも把握してから決めるでしょう。それと同じことなのです。

本質の思考法 40

履歴書で実力は判断できない

違和感に敏感であれ

人間の感性はじつによくできています。

普段歩きなれた道でふと「あれ?」と思って辺りを見渡すと、看板が新調されていたり街路樹が整えられていたりします。

あるいは同僚や家族などの身近な人に対して「何だか嬉しそう」「元気がないな」などと感じることもあるはずです。

私たちは日々、いろいろなことを感じながら生きています。

せっかくすばらしい感性を持っているのですから、自分が感じたことをもっと大切にしてみてはいかがでしょうか。

初対面の人と会ったとき「気が合いそう」「もう少し会って話してみたい」「この手のタイプは苦手だな」「悪くないんだけど、何かちょっと違うような気がする」など、さまざまなことを感じます。

私の場合は、前々項で「つき合うかどうかは3回目で決めよう」と言った通り、第一印象だけでは決められないと思っているので、苦手だと思っても違和感を抱いても、ひとまずは関係性を前に進めます。

それでも仲よくなれる相手ではなかった場合「ああ、あの違和感の正体はこれか」と思ったりするのです。**この「ああ、あの違和感の正体はこれか」とトレースする感覚が重要です。**

それがはっきりと見えてきたら〝自分はこういうのが嫌いなんだな〟とか〝こういう態度を取る人はこんな人なんだな〟という体感データが蓄積されていきます。

感性は人間にとってのセンサーであり、違和感はアラームのようなものです。

要注意人物と接触するとセンサーが働き、アラームを鳴らして、警告を発してくれているのです。ということは、**経験値＝苦手な人の特徴のデータベースが増えれば、センサーの精度が**

向上し、アラームの信頼性が高まります。

それには自分の抱いた違和感と真摯に向き合うことです。

私は「合わない」と感じる側のセンサーが強く働きますが、その反対に「合う」センサーが強い人もいるかもしれません。

いずれにしても、せっかくのセンサーですから使いこなしましょう。

違和感に気づかないふりをしたり、我慢したりしても、いいことはありません。

ビジネスにおいてもそうで、一流の経営者が「直感」「勘」と称するのは、その人自身の感性＝蓄積データとのつき合わせにほかなりません。

いいか悪いか、必要か不要か、好きか嫌いかといった、極めて原始的な感性です。

目先の売上のために本意ではない仕事を引き受けても、誰も幸せにはなれません。

本質の思考法
41

自分の中のセンサーを磨く

「バタバタしていまして……」は絶対禁句!

私には言われたら最後、相手の評価を決してしまう〝あるフレーズ〟があります。これを言われたら理由の如何《いかん》にかかわらず関係を断つ! そう決めている言葉です。

その代表選手が「バタバタしていまして……」という言葉。

え? なんで? どうしていけないの? けっこう使っているけど……そう感じた方は、かなり感覚がマヒしていると自覚しましょう。

たとえば問い合わせをしているのに、なかなか返事が来ないから連絡をすると「すみません、バタバタしていまして」と言われるケースがあります。

バタバタしているということは、バタバタと忙しい中で、私が依頼したこと以外の何かほかのことをしているということです。バタバタしながらも優先的にやることがあって、そっちを優先していたからこそ私からの依頼を先送りした、そういうことです。

つまり「中山さんからの問い合わせよりも、ぼくには大事なことがあるんです！」と宣言していることにほかなりません。

忙しがるのもいい、人気者ぶるのもいい、でもそこには最低限のルールがあります。

自分を軽んじる相手といい仕事ができるとは思えません。だから「バタバタしていまして……」は禁句です。同様に「ほかに外せない用事ができまして」も禁句です。

仕事だろうが飲み会だろうが関係ありません。

そう言われた相手がどう感じるのか、そういう想像ができない人は要注意です。

自分で気づかないうちに相手が去っているかもしれませんよ。

本質の思考法 42

「この言葉で相手がどう思うか？」と考える

「勉強になった」と言わない

セミナー後に言われてガッカリする3つのフレーズをご紹介します。

「勉強になりました」

「気づきとヒントをいただきました」

「参考にさせていただきます」

え?　言ったことがある?　では、そのときの気持ちを思い出してください。実際いい話を聞いて勉強になったし、気づきとヒントがあって参考になると思ったのでしょう。

ではそのあと、どうしましたか?　勉強した内容はどう生かしていますか?　気づきとヒントに基づいて、何か行動を起こしましたか？　たいていは何もありません。

私はセミナーに参加してくださったみなさんに勉強してほしいわけでも、気づきとヒントを与えたいわけでも、参考にしてほしいわけでもありません。

具体的なアクションにつなげてほしいのです。

同じ話を100人が聞いているとしたら、それぞれに受け止め方が違うだろうし、取るべき行動も違うはずで、それを知りたいわけです。セミナー直後なら「明日からこう行動してみます」といった反応が嬉しいですし、しばらく経ってから「挑戦して、うまくいきました！」「あの方法がうまくいかないので、ほかの方法があれば知りたいです」といった、実行後の感想や質問をいただけたら講師冥利に尽きます。セミナーや講演会に参加するときは、「今日の話から何かを吸収し、具体的なカタチにするぞ」という気持ちで臨んでください。

そういう問題意識をもって話を聞くだけで、違う成果が得られるはずです。

本質の思考法 43

まずは、だまって行動に移す

なぜ中山マコトは、あえて嫌われたがるのか?

私は嫌いなもの、嫌いなこと、嫌いな人を明言することが多いです。

どうしてか? 答えは簡単です。

自分の輪郭、エッジがシャープに明快に見えるからです。

結局、合うか合わないかの究極は〝思想性〟と〝こだわり〟だと思います。その証拠に、離婚原因の多くは「性格の不一致」ですからね。

好きなものを語るのは簡単です。

「○○が好きです!」と言っておけば、とりあえずの輪の中には入れるからです。どこかに帰属することができるからです。でも、それではその人がボンヤリとしか見えません。なぜなら「好き」と言うのは簡単だからです。

嫌いだということを明言するのはとても勇気を必要としますし、覚悟を伴います。

「嫌い」と言葉にするのは、帰属を捨てることです。

群れを離れ、自分の納得いく仲間を探すことになるからです。すると、必ずと言っていいほど、作用反作用の法則が働いて反発が来ます。

私はその〝反発〟を楽しみます。

「嫌い！」をハッキリと言葉にすることで自分の精神輪郭を明確にし、そのうえで私のことをハッキリと見極め、本当の本質の部分でつき合ってくれる人とだけいればいい。心からそう思っています。

本質の思考法 44 嫌いと明言することで、本質でつき合える人を探す

あきらめるな

ちょっと、あきらめが早すぎはしませんか?

何かわからないことがあっても、ちょこちょこっとネットで調べてアウトラインが見えてくるかどうかというところで終了。そこそこの情報を仕入れれば、表向きは語ることができます。

でも、大切なところにたどり着いていない人が多いのです。

これでは、どうがんばっても頭ひとつ抜け出すことなんてできません。

なぜ〝あなたしか知らないこと〟を手に入れたいと思わないのでしょうか?

そういう場合は、**知っている人＝キーパーソンに尋ねに行くのが一番です**。

そこで起きている事象を知るには、現場の発想を知るしかないのですから、もっと掘り下げればいいのに、もっとアタックすればいいのに、そう思うことが本当に多いです。

料理をするときも、すぐにネットでレシピ検索。たしかに便利かもしれませんが、所詮は他人の用意したお仕着せ情報にしか過ぎません。そこに〝あなたらしさ〟はありません。

大好きな人に手料理を振る舞うとします。レシピを検索し、材料や調味料を計量し、手順通りにつくったけれど、いまひとつ口に合わない様子……。

さて、このあとはどうしますか？　不評だったレシピは早々にあきらめるとして、次につくる料理もレシピを検索しますか？　大当たりのレシピに出合うまで検索し続けますか？

人にはそれぞれ好みの味があります。つくり慣れた料理であれば全容がわかるので、食べる人の好みに合わせて塩を減らすとか、よく煮込むとか、豚肉を鶏肉に替えるとか、何かしら工夫ができます。しかし初見のレシピではそうはいきません。レシピ検索に頼っているうちは好みに合う料理をつくることはできないでしょう。

「あらゆる結果は経過である」と言います。

いかなる結果にもその先があり、終わりはないという意味です。

本質の思考法 45

物事を突き詰めた人が成功する

サッと検索してお茶を濁《にご》すことを繰り返しても、実力はつかないのです。とはいえ、早々にあきらめるのは現代社会ゆえかもしれません。時短や効率化が尊《とうと》ばれ、ひとつのことにじっくり時間をかけにくい風潮があるようにも思います。

100人のうち90人が世相に流されるとしたら、あなたは残る10人になりましょう。

歴史を見ても、後世に残るのは時代に流された人ではない、物事を突き詰めた人たちです。

時間の許す限り追求すれば世界が広がり、思考が深まり、価値観が変わります。

あきらめない姿勢を大切にすることで努力の質が変わるのです。

とくに、いま行き詰まりを感じている人は、サッと検索して次に行くような小手先の仕事をしても変化を期待できません。

まずは何かひとつ突き詰めてください。そこから何かが始まるはずです。

あきらめろ

ちょっと、あきらめが悪すぎはしませんか?

「中山さん、さっき言ったことと正反対ですよ!」

はい、そうです。言葉では反対のことを言っていますが、根っこはつながっていますので安心して読み進めてください。

色彩をテーマにカウンセリングをおこなうカラーカウンセラーの女性から「収益を安定させたい」という相談を受けました。

あれこれと助言し、しばらくしてから「最近どう?」と聞いたら、「新たに健康相談の資格を取得しました！」と言うのです。

きっかけはお客さまとの会話で健康ネタが多かったから。

ある程度の年齢になれば、健康の話が増えるのは当然です。

彼女は健康のこともちゃんと相談に乗りたいと考え、資格を取得しました。

でもカラーカウンセリングとはまったくジャンルが異なる資格です。医療関係者でもないので、健康相談のみでは収益が上がりません。あらためて彼女に問いました。

「これから何をやっていきたいの？」

「カラーカウンセリングで身を立てていきたいです」

それならば健康の勉強をするのではなく、カラーカウンセリングのスキルを個性化したり、先鋭化《せんえいか》を図るほうがいいし、本業の集客や宣伝などのマーケティング戦略を考えるほうがよほど有益です。さらに彼女はフリーターのカウンセリングを安価に引き受けるなど、ほかの活動をしていました。二兎《にと》どころか何兎も追っていたのです。

まずは何としてでも柱のビジネスで身を立てる。つまり彼女の場合、カラーカウンセリングで収益を安定させたうえで、ボランティア活動や趣味として多様なことに挑戦する。それから先はそれぞれの価値観です。

本業で身を立てたいと思うなら、すべきことは自ずと決まってきます。

お客さまが健康について相談してきても、カラーカウンセリングで対応できる領域を超えたら、専門機関に相談するように提案すればいいのです。

ハッキリ言って彼女は、なんだかんだ言いながらもいまの状態が心地よいのだと思います。要は**コンフォートゾーン（脳の快適領域）に浸っている**のです。

本当に先を目指すなら、本気で新たな地平を切り拓《ひら》こうというのなら〝心地よい場所〟から抜け出す勇気が必要です。そこが人生の分水嶺《ぶんすいれい》になるのです。

「それを継続することで、あなたのためになりますか？」

この問いかけに明白な答えがないものは、すっぱりあきらめましょう。ダメなものはダメ。あきらめるべきものはあきらめる。その見極めが大事です。

本質の思考法 46
「これを継続することで自分のためになるか」を意識する

Chapter 6

永遠の成功を、手にせよ！

覚悟はありますか？

ある飲み屋さんの発した言葉を通して〝本気の覚悟〟というお話をしたいと思います。

私がたまに顔を出させていただく鉄板焼き屋さんがあります。高級店です。何を食べても鬼のようにうまい。

小さな店ですが常連客でいつも賑《にぎ》わっています。

この店、あまりにも見事な大将の腕前に、私は「メニューいらずの店」と呼んでいます。

カウンターに座って食べていると「ほかのお客さまがオーダーした料理」を大将がつくります。その動きの見事さと鮮やかさ。そして、でき上がった料理のすばらしさに、必ずほかのお客さまはこう訊きます。

「大将、それ、何ですか?」と。

そして、大将から答えを聞くや否や……「自分にもそれくださいー!」となるわけです。だから、メニューいらずの店というわけです。

本題はここからです。

その大将に私がある提案をしたことがあります。

「大将、僕がこの店を本で紹介するとしたらOKくれる?」

「いいですよ!」と軽く、大将。

「住所とかも載せちゃうんだよ! もしベストセラーになったら、お客さん殺到しちゃうし、行列もできちゃうよ」と私。

そこでその大将が言った言葉がこれです。

「大丈夫ですよ! その場合、新規客入れませんから!」

そう、これが覚悟です。いくら行列ができようと、何人が並ぼうと、これまで店を大事にしてくれたお客さまを優先する。

そのお客さまたちと一緒に生きていくという強烈な覚悟です。

行列ができ、無理矢理に入れ、対応のまずさにもめごとが起こる。新規客は二度と来ないし、常連客は去って行く……。

クーポン誌などを使った店が、そうやって消えていくのを私もたくさん見てきました。

しかしこの大将は違う。お客さまとは何かを知っています。

ひとりのお客さまを本当の常連にしていく厳しさと価値を知っている。

だからこその「入れませんから！」という言葉です。

あなたは断ることができますか？

怪しいな？　ちょっとどうかな？　と感じるお客さまを、でも、ちゃんとお金を持っているお客さまを……断る勇気を持っているでしょうか？

本質の思考法
47
大切なお客さまのために、新規客を断る勇気を持つ

長くつき合うだけで、売上は劇的に変わる

売上を伸ばす方法は次の3つしかありません。

①　客数を増やす
②　単価・購入点数を増やす
③　購入・来店頻度を高める

いまは人口が減少に転じ、消費が多様化しています。

そんな中で、①「客数を増やす」は容易ではないでしょう。

②「単価・購入点数を増やす」ことも大変です。確固たる根拠と納得感のない価格改定は、むしろ顧客離れを招きます。

消去法で考えれば③「購入・来店頻度を高める」のが良策ということになりますが、週1回を週3回にしてもらうのは、これまたハードルの高い話です。消費財のような上限が決まっているものだと倍増させるのはまず無理です。

現実的にできるのは、生涯の購入回数を増やすということ。

頻度とは一定期間内に出現する回数を指す言葉です。

1週間や1ヵ月という短いスパンではなく、そのお客さまとのおつき合い可能な期間を考えて、その期間内でたくさん買ってもらうことを目指せばいい。

ただし先述の通り、短期間で頻度を高めるのは無理なので〝おつき合い可能な期間を長くすること〟を考えるのです。

ちょっと理屈っぽくなりましたね。

要は「お客さまと、長くおつき合いできる関係性を目指そう」というお話です。

本質の思考法 48

短期的ではなく、生涯の購入回数を増やせばいい

飽きずに、呆れられずに、何度も利用したくなる商品・サービスを目指すわけですから、自ずと高いクオリティを追求することになります。

また、お客さまに不快な思いやストレスを感じさせないように、きめこまやかな接客や気配りをするようになるでしょう。

常にベストな状態を提供しようという心構えが生まれるのです。

お客さまにとっても、変わらずに安心してつき合える関係性は嬉しいはずです。

時代のスピードが速すぎて忘れかけているかもしれませんが「長くつき合う」という価値を改めて考えてみましょう。

これからやるつもりでも、まだやっていないんでしょ？

「やろうと思っています」

「〇〇するつもりです」

こんな言葉を常用していませんか？　耳ざわりもいいので便利に使っている人もいるでしょうが、どちらも単なる予定を言っているに過ぎません。実際には何もしていないのです。

作家・今野敏さんの小説に「**戦おうとしている人間に、味方はできない。戦っている人間にだけ、味方ができるのだ**」というフレーズが出てきます。

その通りだと思います。

本質の思考法 49

仲間を勝たせるために、あえて厳しくしよう

「やろうと思っています」「するつもりです」は戦おうとしているだけで、何もしていませんから、私は味方をしようとは思わない。一方、結果はどうあれ行動している人は戦っている人ですから、できるだけの支援をしようと思うし、手を貸すし、必要であれば助言もします。

この本の読者であるあなたには、これを自分ごととして考えると同時に、後輩や部下と接する際の参考にもしてほしいと思っています。

もしも後輩や部下が「これからやるつもりです」と言ってきたときは「でも、やっていないんだよね?」と指摘をしてあげてほしいのです。やるつもりだと決意表明をすることで、彼らが満足してしまわないように。

もしも彼らが行動しているならば、味方をしてあげてほしいのです。

「困っていることはない? よければ話を聞かせて」と語りかけ、精一杯の助言をしてあげましょう。彼らが勝てるように。

順番を間違えると、チャンスを逃す

先日、ガッカリする出来事がありました。

わりと最近知り合った、私の本のファンだという方から「ぜひ一緒にセミナーを開催しましょう。集客は私がやりますから！」という申し入れがあり、せっかくのご縁なのでご一緒することにしました。

しばらくすると集客に苦戦している様子が漏れ聞こえてきました。

相手としても「集客します」と言った以上、面子《めんつ》があるでしょう。グッとこらえて様子を見守っていたのですが、突然連絡が入りました。

「急遽、海外に行く用事ができたので、セミナーの主催をキャンセルさせてください」

……まあ、びっくりしました。

海外に行く用事とやらは相手にとって魅力的だったのでしょうが、これは私との仕事よりも海外の用事のほうを大事にしたと言っているのと同義です。

先に交わした約束を、あとで出てきたお金になりそうな仕事、メリットが大きそうな仕事に平気で乗り換えたということです。

自分から一緒にセミナーをやろうと申し入れながら、集客は責任を持つと言いながら、自分勝手な都合で全部をなしにしたわけです。こういう人とはもう関わりたくありません。

人生はそれまでの選択の積み重ねです。

先約があるところに、またとないチャンスが巡ってくることもあるでしょうし、想定外の慶《けい》弔《ちょう》が入ってくることもあるでしょう。

何を優先するかはその人の自由です。

しかし、物事には順序があります。

その人は私に連絡する前に、海外に行くことを決めていました。

ですが、もっとも注意を払うべきは約束を反故《ほご》にする相手（この場合は私）の心情であり、相手の意向を尊重する姿勢です。

「じつはこんな海外行きの話があるのですが、ちょうどセミナーと重なってしまいました。私にとって今回の海外行きはとても大きなチャンスで、ぜひ挑戦したいと思っているのですが、セミナーの日程を改めて調整させていただけないでしょうか？」

そうやって話してくれれば、またとないチャンスを得たその人の挑戦を心から応援できたでしょうし、別の機会にセミナーをご一緒することもあったかもしれません。

このように、物事の順序や言葉の選択に無頓着な人は多いです。

それは順番を考えることで充分回避できることです。ご注意あれ。

本質の思考法
50

何を優先させるべきか、立ち止まって考える

一方的な「ありがとう」は捨てなさい

日本では買い物をすると「ありがとうございました」と言われます。長らくの習慣ですから、誰もが当たり前の言葉として使っていると思います。でも、ちょっと待ってください。

「ありがとう」は買ってくれたお客さまへの感謝の言葉ですが、言われたお客さまにとってはどうなのでしょう。本当にありがたがっているでしょうか?

ひょっとしたら買いたい商品が見当たらず、妥協の産物としてそれを買ってしまったのかもしれません。あるいは同じ商品がほかの店ではもっと安く売っていることを知っているのに、いますぐ必要ということで背に腹は替えられずに買ったのかもしれない。

結局「ありがとう」はお店側の気持ちを一方的に発しているだけではないでしょうか。

欧米では「サンキュー」と言いません。

買い物をしたお客さまには「グッドチョイス」と言います。

「私たちが自信をもって仕入れた商品の価値を見出してくれてありがとう。あなたはいい選択をしたわ。お互いにとっていい買い物だったわね」という意味合いです。

日本語でグッドチョイスに匹敵する単語は見当たらないので、日本の商慣行には馴染みないかもしれませんが、とてもいい表現だと思いませんか。

お互いがグッドチョイスと言えることこそがあらゆるビジネスの原点だし、それができていなければそのビジネスはまだまだ発展途上だと思います。

あなたは、あなたのお客さまに「グッドチョイス」と言えますか?

本質の思考法 51

お客さまに「グッドチョイス」と言おう

一流の死体役は、筋トレを欠かさない

芝居の世界には、

「小さな役はない、小さい役者がいるだけだ」

という言葉があります。

死体役だろうと、通行人Aだろうと、群衆だろうと、すべては作品の世界観を描くために必要不可欠な存在ですから、「小さな役」はありません。

でも意外にも、そのことを理解して演じている人は少なく、端役やちょい役だと軽んずる「小さい役者」が多いのです。

もしも本気で死体役を演じようと思ったら相当大変なことです。

人間は呼吸もするし、心臓などの不随意筋《ふずいいきん》が常に動いています。

徹底的に身体を鍛えて、肉体を自由自在にコントロールできるようにならなければ、死体の硬直感を表現できません。

小さい役者は「こんなちょい役で筋トレなんかしてもムダに決まっているじゃないか」と言うかもしれませんが、徹底的に演じ切ろうと突き詰める姿は監督が見ています。

その努力はいずれ報《むく》われるでしょう。

これはビジネスでも同様です。

表からは見えない仕事、地味な仕事、売上が少ない仕事、成果が出るまで時間のかかる仕事はつい手を抜きたくなるものです。

とくに新入社員は仕事の全体像が見えていませんから、自分が任されている仕事の意味がわからず、つまらない仕事だと考えがちです。

しかし何事にも基礎が大切。

地味に思える仕事でも、小さな仕事でも会社にとっては必要不可欠ですし、仕事に貴賤《きせん》はないし規模そのものに価値はないのです。

その仕事の経験があってこそ、次のステップに挑戦できるのです。

少し真面目な話をすると、**どんな大きな仕事も小さく地味なステップの集積です。**

小さなことをコツコツと積み上げて初めて大きな全体像が見えてくる。パズルの完成図は最初からはわからないのです。

あなたの姿は誰かが見ています。仕事に大小はありません。

あなたが果たすべき役割をまっとうしてください。

小さな役なんてどこにもないのですから。

本質の思考法
52

地味に思える仕事が、すべてを支えている

お酒で人生を狂わせてはいけません

たった一口のお酒で顔が真っ赤になる人もいれば、一晩中淡々と飲める人もいます。気持ちよくお酒を楽しめる適量は人それぞれですが、その適量も日によって変わります。たとえば風邪や頭痛などで体調がすぐれないとき、二日酔いのとき、怒りや悲しみなどを抱いているときは、いつもの適量より少なくなるのです。

そういうときは、いつものペースで飲んではいけません。普段なら絶対にならない泣き上戸になったり、しつこく誰かにからんだり、延々と説教したり、ひどい酔っぱらい方をする危険性があるからです。

酔って記憶を失ってしまえば、さらにダメージは深刻です。

周囲の人はあなたが何をしでかしたか、逐一教えてくれたりはしません。取り返しがつかないことをしでかしている可能性もあります。

大事なのはこの部分で、仮にあなたがどうにもならない不始末をしでかしていても、その場に居合わせた人は〝あなたが何をしたか、教えてはくれない〟ということです。

へたをすると呆れ果て、だまって去って行きます。

実際、お酒の失敗で人生が狂った人もいます。

私自身、これまで出入禁止にした人も何人もいます。

だって仕方ないですよね?

何度言っても本人は憶えていないわけで、平気で同じことを繰り返す。

こんな人とつき合うのは疲弊するだけですから、私は容赦なく切ります。

お酒を飲む方は、体調や気分で適量が変わることを理解しておきましょう。

そうすれば、

「今日は風邪気味だから、スローペースで飲もう」

「気分が落ち込んでいるから、途中からソフトドリンクに切り替えよう」といった判断ができます。

自己管理は自分しかできないのです。

誰かがやってくれるということはありません。

また自分ごとだけでなく、一緒にお酒を飲む相手の体調や気分にも配慮するようにしましょう。お酒が人生を楽しく、豊かにしてくれる存在でありますように。

本質の思考法 53

自己管理ができない人は破滅する

男は女を、女は男を尊重せよ!

女は男の知らないものを持って生まれてきます。

男は女の知らないものを持って生まれてきます。

これはどうにも変えがたい事実です。男性と女性のどちらが、上でも下でもありません。どんなに想像力を発揮したとしても限界があり、生まれ持って違うとしか言いようがないのです。

それならば男性のことは男性に、女性のことは女性に訊ねるほうがいいでしょう?

たとえば、マタニティ企画を考えるとしましょう。

妊娠経験がなければ、臨月《りんげつ》のママさんの感覚は理解ができませんから、優秀なプランナーやマーケターほど実体験のある人に話を聞きに行くものです。

その手間を惜しんで「こういうものがあれば喜ぶだろう」という思い込みの企画を立てても、うまくいきません。**相手を尊重してこそ、心に響く企画を立てることができるのです。**

私は以前、某大手日用雑貨メーカーからの依頼で、生理用品のリニューアル広告の制作を依頼されたことがあります。メーカーの開発担当者がオリエンテーションで熱弁を振るえば振るうほど、私の気持ちは冷め、遠ざかっていきます。そして思わずこう言ってしまいました。

「すみません！　僕……生理ないのでわかりません！」

ないものはない、だからわかりようがない。それを主張し、結果として実際に対象となる女性に使ってもらい、評価を受けるモニターを提案し、そこからプランニングをしていきました。

結果、大ヒット商品になりました。男女の間には埋めようがない違いがあるのですから、わからないものはわからないと開き直って、素直に相手に聞いてみることです。

本質の思考法
54

男女の埋めようのない差は、聞いて解決しよう

お金を稼ぐだけが、ビジネスの価値ですか？

私はブログで本の紹介をしています。とは言っても、対象としているのはビジネス書ではなく、ほぼ小説かエッセイです。

最近はＳＮＳの恩恵で小説の著者、つまりその本の作家の方と知り合い、交流をさせてもらうケースが増えています（差し障りがあるといけないので、誰というのは書きませんが）。

私の書くビジネス系ハウツー本の世界と、小説の世界はまるで異なります。

私も２０１６年に『飲み屋の神様。』（ヒカルランド）という、小説風ビジネス本を書いたのですが、やはり……違います。

ただ、ここで言いたいのは、ビジネス書と小説の違いについてではなく、べつに私自身が小説家になりたいという話でもありません。

これまで知り合った小説家の中で、唯一私がお返事を躊躇し、そのまま疎遠《そえん》になってしまった方がいるのです。

なぜ疎遠になったのか？

それは彼から届いた、ある返事がキッカケでした。

私はある日、その彼に、

「いずれ機会があったら、本格的な小説を書いてみたいんですよ！」

というメッセージを書きました。

すると彼からの返事はこうでした。

「**小説は売れないです……**」

このフレーズを目にした瞬間、私はガックリでした。

もちろん小説だってビジネスだから売れたほうがいい。

売れることで、その作家の主張や魂がひとりでも多くの人に伝わることになるし、たしかに大事なことです。

ではそれが最優先かと言えば、絶対にそうではないと思います。

もちろん、その作家が書いた「小説は売れないです……」という言葉は、決して売れることだけが重要という意味ではないのでしょう。

でも私にはどうにも違和感が残り、そのまま疎遠になってしまったのです。

念のために書いておくと、彼は数冊の大ベストセラーを出していて、累計ではおそらく50万部を超えていると思います。100万部に達しているかもしれません。

彼が言う「売れないです」という言葉には、

「小説は儲からないからビジネスとしては成立しないよ、苦労するよ！」

という意味が込められていました。

でも私は言いたい。

売れるだけがビジネスではない。

売れるだけではない、別の価値だってある。

彼が小説家を目指したのは単純に「お金になりそう」だったからかもしれません。

そして彼自身は、それなりのお金を掴んだのかもしれません。

でも、それはあくまでも結果論。

やはり書くことの本分は〝表現〟です。

「届かないかもしれないけれども、誰にも読んではもらえないかもしれないけれども書く！」

ここが本質だと思います。

私が手がけているマーケティングの仕事でも同様です。

お客さまを札束と見るか、あるいは手助けをして差し上げる対象として見るかで、対応はまるで違ったものになるでしょう。

少なくとも、稼ぐための札束としか見ていない人の仕事は……いいものにはなりません。

そして、それは必ず見抜かれてしまいます。

〝売れるために小説を書く〟

それは決して間違ったことではないでしょう。

でもその前に「伝えたい」「聞いてほしい」が先だと思うのです。

私のもとに「著者デビューしたい」という方からのメールや手紙がたくさん届きます。

そんなとき、私はこう返事をしています。

「書きたいテーマはなんですか？　そして、納得いくまでそのテーマを書き続ける自信はありますか？」と。

継続こそが唯一の力です。

あなたに、続ける覚悟はありますか？

本質の思考法 55

何のためにビジネスをするのか考える

「みんなの考えが同じということは、
誰もがよく考えていないということだ」

――ウォルター・リップマン（アメリカのジャーナリスト・コラムニスト）

Epilogue——

〟捉える角度〟を意識するだけで、人生は変わる

「物事はすべて、見る角度によって異なる見え方をする」

こういった側面があります。

昨日の常識は今日の非常識。

過去の成功例は明日の失敗例。

右から左から、横から斜めから、上から下から、正面から裏側から……。

そんな無限にある〝物事を捉える角度〟に触れていただきたくて、この本を上梓《じょうし》しました。

中山マコトはひねくれ者です。

その自覚もあるし、よくそのように評価されます。

しかし、それはおそらく「物事の見方のバリエーション」をたくさん持っているということなのでは？　と自画自賛してもいます。

この本が、あなたの物事の見方のバリエーションを増やすことに少しでも貢献できれば、そしてそれが、あなたの未来を少しでもよくすることに貢献できれば……これほど幸せなことはありません。

梅雨にさしかかる淀《よど》んだ空の下で

中山マコト

謝辞

今回もフリーライター林愛子さんとのコラボで書き上げました。

前作『9時を過ぎたらタクシーで帰ろう。』もそうでしたが、彼女との〝物事を捉える角度合戦〞を存分に楽しむことができました。

彼女は理系女子なのですが、まさに理系らしい、普通はちょっと思いつかない「お！」という切り口を楽しみながら、鋭い知識に刺激されながら深い議論を重ね、互いのいい部分を融合させることができた自信はあります。

この場を借りて、林愛子さんに感謝いたします。

サイエンスデザイナー＆ライター　林愛子
ホームページ：http://sci-de.com/

著者プロフィール

中山マコト（なかやま・まこと）

「キキダス・マーケティング」実践者。市場調査会社勤務後、仲間たちとマーケティングコンサルティング会社を設立。1億円の売上でスタートした会社を4年で8億に拡大する。広告・販促プランナー、コピーライターとして、大手製薬メーカー、日本有数の食品メーカー、飲料メーカー、日用雑貨メーカー、コンビニチェーン本部など、多くの国内外の有力企業をクライアントとして手がける。言葉のチカラを駆使した「売らない営業法」を提唱し、”企業と顧客のコミュニケーションのズレを正すシンクロニスト”として2001年に独立。近年は、中小企業やビジネスマンに対し、戦う武器としての「言葉の使い方」をテーマに講演などをおこなっている。著書は『9時を過ぎたらタクシーで帰ろう。』（きずな出版）、『「バカ売れ」キャッチコピーが面白いほど書ける本』（KADOKAWA）、『フリーで働く！と決めたら読む本』（日本経済新聞出版社）、『そのまま使える「爆売れ」コピーの全技術』（かんき出版）など、ベストセラー多数。

整理整頓をしない人ほど、うまくいく。
超一流だけが知っている「本質」の思考法

2017年9月1日　第1刷発行

著　者　　中山マコト

発行者　　櫻井秀勲
発行所　　きずな出版
東京都新宿区白銀町1-13　〒162-0816
電話03-3260-0391　振替00160-2-633551
http://www.kizuna-pub.jp/

印刷・製本　モリモト印刷

ISBN978-4-86663-009-0

きずな出版